Perspektive Deutsch
Kommunikation am Arbeitsplatz A2 / B1+

Kursbuch mit Audio-CD

von
Lourdes Ros

Ernst Klett Sprachen
Stuttgart

Symbole

▶1 Titelnummer auf der Audio-CD

  Aufgabe für Partnerarbeit

  Aufgabe für Gruppenarbeit

» Praktische Redemittel

1. Auflage 1 ⁶ ⁵ ⁴ | 2018 17 16

© Ernst Klett Sprachen GmbH, Stuttgart 2014. Alle Rechte vorbehalten.
Internetadresse: www.klett-sprachen.de

Autorin Lourdes Ros
Beratung Anna Lüffe, Bundesamt für Migration und Flüchtlinge, Köln; Jörg Deppe, Bielefeld;
Brigitte Kutynia, München; Yuliya Safyanyuk, InitiativGruppe e.V., München

Redaktion Annette Kuppler
Layoutkonzeption Marion Köster, Stuttgart; Claudia Stumpfe
Herstellung Claudia Stumpfe
Gestaltung und Satz Marion Köster, Stuttgart
Illustrationen Vera Brüggemann, Bielefeld
Umschlaggestaltung Anna Poschykowski
Reproduktion Meyle + Müller, Medien-Management, Pforzheim
Druck und Bindung GraphyCems
Printed in Spain

ISBN: 978-3-12-675347-0

Liebe Lernende,
liebe Lehrende,

Perspektive Deutsch richtet sich an alle Deutschlernenden, die in Deutschland arbeiten möchten oder bereits arbeiten und sich die dafür notwendigen Sprachkenntnisse aneignen oder diese verbessern möchten. Es kann in berufsbezogenen Kursen **ab der Niveaustufe A2** eingesetzt werden.

Das Lehrwerk begleitet Sie bei der beruflichen (Neu-)Orientierung in Deutschland und bei der Bewerbung. Die Aufgaben machen Sie aber auch fit für die Kommunikation am Arbeitsplatz.

Das Buch umfasst 12 Lektionen mit Materialien für **ca. 300 Unterrichtseinheiten**.

Jede Lektion besteht aus:
· Einstieg über ein Porträt
· Module zu verschiedenen Sprachhandlungen (A–E)
· Modul zu Schlüsselqualifikationen (F)
· Wörter und Wendungen
· Grammatik im Überblick
· Rückblick oder Szenario (abwechselnd nach jeder 2. Lektion)

Anhand eines **Porträts** werden zum Einstieg in die Lektion verschiedene Aspekte der Integration in den deutschen Arbeitsmarkt thematisiert.

Die Module zu verschiedenen **Sprachhandlungen** trainieren die vier Fertigkeiten (Lesen, Hören, Schreiben und Sprechen) sowie **kommunikative Strategien** rund um das Thema Beruf.

Im Modul F **Schlüsselqualifikation** erfahren Sie etwas über wichtige Kompetenzen, die im Berufsleben neben Fachkenntnissen eine Rolle spielen.

Auf der Seite **Wörter und Wendungen** finden Sie den Lernwortschatz der Lektion.

Grammatik im Überblick zeigt die grammatischen Phänomene, die in der Lektion behandelt werden, auf einen Blick.

Nach jeder zweiten Lektion erhalten Sie auf den Seiten **Rückblick** und **Szenario** die Möglichkeit, Ihren Lernerfolg zu testen, sowie Tipps, wie Sie die Inhalte weiter vertiefen können.

Die **Transkriptionen der Hörtexte** finden Sie als Download unter www.klett-sprachen.de/perspektivedeutsch

Viel Erfolg und viel Spaß beim Lernen wünschen Ihnen
die Autorin und der Verlag

Inhalt

1 | Berufliche Orientierung

Porträt 7
A Über beruflich relevante Kompetenzen
   sprechen 8
B Sich über Berufsfelder informieren 10
C Berufliche Ziele und Pläne beschreiben 12
D Fragen zur beruflichen Orientierung
   verstehen 13
E Aktiv zuhören 14
F Schlüsselqualifikationen 15
Rückblick Lektion 1 18

Grammatik Modalverben

2 | Auf Arbeitssuche

Porträt: Mario Montenari, LKW-Fahrer 19
A In Beratungsgesprächen Fragen stellen 20
B Im Internet Stellenangebote finden 22
C Informationen zu einem Stellenangebot
   verstehen 23
D Einen Lebenslauf schreiben 24
E Im Gespräch Emotionen zeigen 26
F Schlüsselqualifikation: Freundlichkeit 27
Szenario Lektion 1 und 2 30

Grammatik Fragesätze · Hauptsätze verbinden ·
Modalpartikeln

3 | Bewerbungen

Porträt: Ayşe Özkan, Friseurin 31
A Stellenanzeigen lesen und verstehen 32
B Eine Bewerbung schreiben 34
C Über den beruflichen Werdegang
   sprechen 36
D Im Vorstellungsgespräch Fragen
   verstehen 37
E Small Talk führen 38
F Schlüsselqualifikation: Motivation 39
Rückblick Lektion 2 und 3 42

Grammatik Vom Verb zum Nomen · Satzbau ·
Verben im Perfekt · Verben im Präteritum

4 | Ein Praktikum

Porträt: Manee Kantawong, Köchin 43
A Einen Termin vereinbaren 44
B Eine Wegbeschreibung verstehen 45
C Duzen und siezen 46
D Einen Praktikumsbericht schreiben 48
E Schriftliche Arbeitsanweisungen
   verstehen 50
F Schlüsselqualifikation: Zuverlässigkeit 51
Szenario Lektion 3 und 4 54

Grammatik Lokalangaben · Personalpronomen ·
Infinitiv: Tätigkeiten beschreiben

5 | Neu im Unternehmen

Porträt: Lidija Jankovic, Verkäuferin 55
A Einer allgemeinen Einweisung folgen 56
B Die Sprecherrolle übernehmen und
   abgeben 57
C Sich an einem neuen Arbeitsplatz
   vorstellen 58
D Einen Arbeitsvertrag lesen 60
E Einen Personalfragebogen ausfüllen 62
F Schlüsselqualifikation: Interkulturelle
   Kompetenz 63
Rückblick Lektion 4 und 5 66

Grammatik Verben im Präsens · Zusammengesetzte Nomen

6 | Betriebliche Informationen

Porträt: Abdul Karimi, Lagerist 67
A Eine Sicherheitsunterweisung verstehen ... 68
B Ein Organigramm verstehen 70
C Eine Anfrage schreiben 71
D Jemanden um Hilfe bitten 72
E Das Verstehen sichern 74
F Schlüsselqualifikation: Eigeninitiative 75
Szenario Lektion 5 und 6 78

Grammatik Verben im Imperativ · Modalverben
(müssen, nicht dürfen) · Konjunktiv II: Höfliche
Bitten

7 | Kontakte am Arbeitsplatz

Porträt: Flor López, Sekretärin 79
A Telefongespräche annehmen 80
B Eine Telefonnotiz schreiben 82
C Eine Anfrage am Telefon verstehen 83
D Missverständnisse ansprechen 84
E Einen offiziellen Brief verstehen 86
F Schlüsselqualifikation: Flexibilität 87
Rückblick Lektion 6 und 7 90

Grammatik Verben mit trennbarer Vorsilbe ·
Verben mit untrennbarer Vorsilbe · Indirekte
Fragen

8 | Betriebliche Abläufe

Porträt: Vladimir Smirnow, Ingenieur 91
A An einer Teambesprechung teilnehmen 92
B Mündliche Arbeitsanweisungen verstehen 94
C Nachfragen 95
D Ein Qualitätsmanagement-Handbuch
   lesen 96
E Eine Fehlermeldung schreiben 98
F Schlüsselqualifikation: Teamfähigkeit 99
Szenario Lektion 7 und 8 102

Grammatik Verben im Perfekt · Modalverben
im Präteritum · Nomen im Satz

9 | Technik am Arbeitsplatz

Porträt: Grace Mukamana,
Systemadministratorin 103
A Rückfragen und Anweisungen
   verstehen 104
B Wörter umschreiben 106
C Telefonisch etwas bestellen 107
D Einer Bedienungsanleitung folgen 108
E Schriftlich Termine vereinbaren 110
F Schlüsselqualifikation: Lernbereitschaft 111
Rückblick Lektion 8 und 9 114

Grammatik Deklination: Nominativ und
Akkusativ · Infinitivsätze als Anweisungen

10 | Zeit im Arbeitsleben

Porträt: Antonios Karadimas, Krankenpfleger... 115
A Sich krankmelden 116
B Absprachen im Team verstehen 117
C Regelungen zur Arbeitszeit verstehen 118
D Tätigkeiten am Arbeitsplatz
   dokumentieren 120
E Im Gespräch Zeit gewinnen 122
F Schlüsselqualifikation: Pünktlichkeit 123
Szenario Lektion 9 und 10 126

Grammatik Komparation · temporale
Nebensätze · Nebensatz mit dass · Partizip
Perfekt: Tätigkeiten beschreiben

11 | Geld im Arbeitsleben

Porträt: Semire Yüksel, Musiklehrerin 127
A Über Gehaltsvorstellungen sprechen 128
B Eine Gehaltsabrechnung verstehen 130
C Informationen zum deutschen
   Steuersystem verstehen 132
D Eine Rechnung schreiben 133
E Nonverbal kommunizieren 134
F Schlüsselqualifikation: Konfliktfähigkeit 135
Rückblick Lektion 10 und 11 138

Grammatik Kausale Konnektoren: Etwas
begründen · Nebensatz mit wenn

12 | Der Kunde ist König

Porträt: Janek Kowalczyk, Installateur 139
A Nachrichten von Kunden verstehen 140
B Eine Beschwerde am Telefon
   entgegennehmen 141
C Eine schriftliche Reklamation beantworten 142
D Ein Beratungsgespräch führen 144
E Höflich sprechen 146
F Schlüsselqualifikation:
   Kundenorientierung 147
Szenario Lektion 11 und 12 150

Grammatik Verben mit Präposition · Deklination:
Dativ · Höfliche Sprache

Rückblick Schlüsselqualifikationen 151
Lösungen 152
Bildquellen, Audio-CD Impressum 160

So arbeiten Sie mit *Perspektive Deutsch*

Modularer Aufbau

Das Lehrwerk zeigt von Lektion 1 bis 12 verschiedene Schritte auf dem Weg zur beruflichen Integration in Deutschland. Die ausgewählten Sprachhandlungen, Grammatik und Wortschatz sind funktional ausgewählt und folgen keiner Progression.

Sie können die Lektionen daher klassisch nacheinander behandeln oder die einzelnen Module aus den Lektionen beliebig kombinieren. Zum Beispiel:

klassisch	modular
6: A | Eine Sicherheitsunterweisung verstehen	3 A | Stellenanzeigen lesen und verstehen
6: B | Ein Organigramm verstehen	2 C | Informationen zu einem Stellenangebot verstehen
6: C | Eine Anfrage schreiben	
6: …	3 B | Eine Bewerbung schreiben
	…

Situativer Einstieg in die Module

Jedes Modul beginnt mit einer kurzen Situationsbeschreibung. Nutzen Sie diese als Einstieg ins Thema und sichern Sie das Verständnis im Kurs. Stellen Sie Fragen dazu, sammeln Sie Hypothesen zu den Fotos, klären Sie unbekannte Wörter, …

Rückblick

Auf diesen Seiten können die Lernenden ihren individuellen Lernfortschritt dokumentieren und reflektieren. Sie können die Aufgaben außerdem dafür nutzen, um im Kurs Inhalte für weitere Unterrichtsstunden festzulegen.

Szenarien

Die **Situationsbeschreibung** erläutert das Szenario.

Die hier **aufgelisteten Materialien** sollten Sie als Kursleitung vorbereiten.

Diese **Rollen** sollten von fortgeschrittenen Lernenden übernommen werden.

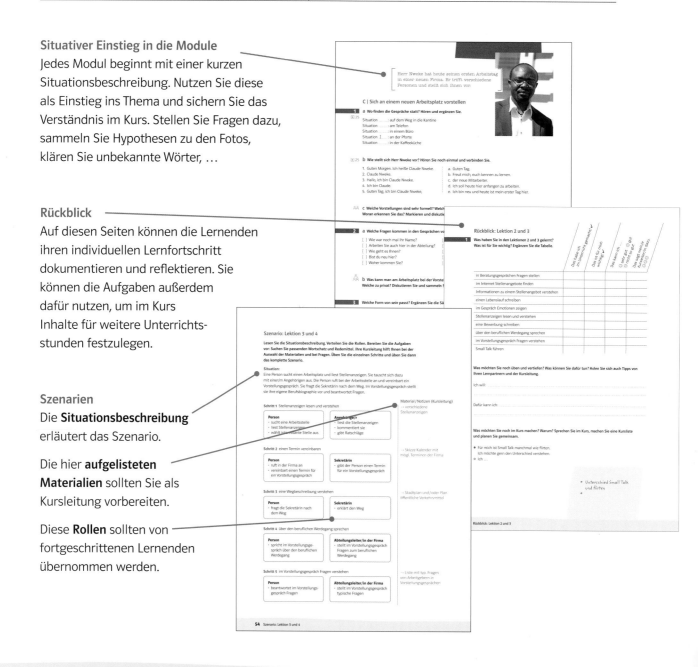

Kleben Sie hier ein Foto von sich ein oder zeichnen Sie sich selbst.

>> Name: .... , Beruf: .... ,

aus: .... , Alter: .... ,

seit .... Jahren / Monaten in Deutschland

Ich bin seit ....

....

....

....

....

1 | Berufliche Orientierung

1 **a Lernen Sie sich kennen. Gehen Sie durch den Raum und stellen Sie sich gegenseitig Fragen. Notieren Sie Gemeinsamkeiten mit anderen.**

Woher kommen Sie / kommst du?
Wie lange sind Sie / bist du schon in Deutschland?
Leben Sie / lebst du mit Ihrer / deiner Familie hier?
Wann und wo haben Sie / hast du Deutsch gelernt?
Haben Sie / hast du einen Beruf gelernt? Was für einen?
Haben Sie / hast du schon in Deutschland gearbeitet? Als was und wie lange?
Welche beruflichen Ziele haben Sie / hast du?

Sara: VHS
Juan: Schreiner
...

 b Mit wem haben Sie was gemeinsam? Berichten Sie.

● Sara und ich haben beide an der Volkshochschule Deutsch gelernt.
○ Juan ist auch Schreiner von Beruf, genau wie ich.

2 **Ergänzen Sie die Seite oben mit Angaben zu Ihrer Person. Kleben Sie ein Foto ein, notieren Sie Informationen neben dem Bild und schreiben Sie einen kurzen Text über sich.**

3 **a Welcher Gegenstand ist typisch für Ihren Beruf, für Ihre letzte Tätigkeit oder für Ihren Traumjob in Deutschland? Bringen Sie einen Gegenstand mit oder zeichnen Sie ihn.**

b Welcher Gegenstand passt zu welchem Beruf? Legen Sie Ihre Gegenstände oder Zeichnungen auf den Tisch. Raten und diskutieren Sie.

Sie möchten sich beruflich in Deutschland (neu)
orientieren. Im Kurs unterhalten Sie sich darüber,
welche Kompetenzen Sie haben, die Sie an einem
Arbeitsplatz in Deutschland nutzen können.

A | Über beruflich relevante Kompetenzen sprechen

1 a Was können die Personen? Welche Kompetenzen nutzen sie
für ihre Arbeit? Diskutieren Sie und ordnen Sie zu.

Verkäufer

Bürokauffrau

Krankenpflegerin

Lagerist

Ingenieur

Köchin

mit Menschen umgehen | kochen | mehrere Dinge gleichzeitig tun | Mitarbeiter führen |
schnell arbeiten | Maschinen bedienen | Probleme lösen | auf Deutsch schreiben | zeichnen |
rechnen | organisieren | Dinge reparieren | mit dem Computer umgehen | schwer tragen

● Die Köchin kann auf jeden Fall gut kochen.
  Wenn nicht, hätte sie den falschen Beruf.
○ Ja, und der Verkäufer kann bestimmt gut mit Menschen umgehen.
  Er hat ja viel mit Kunden zu tun.

> **Modalverben**
> *können* = Fähigkeiten
> Das, was man kann,
> steht im Infinitiv.

b Was können die Personen wahrscheinlich noch? Sammeln und notieren Sie.

Das kann ich:	Wo gelernt?	Wo vielleicht einsetzen?
1. *gut nähen*		
2.		
3.		
4.		
5.		

2 Was können Sie gut? Was haben Sie schon oft und gut gemacht? Worin waren Sie besonders erfolgreich? Notieren Sie 5 wichtige Tätigkeiten in der Tabelle (Spalte 1).

3 **a** Wo kann man Kompetenzen erwerben, die im Beruf nützlich sein können? Sammeln Sie.

in der Schule, in der Familie, in meinem Garten, ...

b Wo haben Sie gelernt, was Sie gut können? Ergänzen Sie Spalte 2 in der Tabelle.

4 Wo können Sie Ihre Fähigkeiten vielleicht einsetzen? Interviewen Sie sich gegenseitig, überlegen Sie gemeinsam und ergänzen Sie Spalte 3 in der Tabelle.

- ● Was kannst du besonders gut?
- ○ Ich kann sehr schöne Blumensträuße binden.
- ● Und wo hast du das gelernt? Ist das dein Beruf?
- ○ Nein, aber ich hatte lang einen großen Garten mit Blumen. Und ich hab viele verschenkt.
- ● Vielleicht kannst du in einer Gärtnerei arbeiten.
- ○ Ja, vielleicht. Vielleicht aber auch in einem Blumenladen.

5 Notieren Sie 3 Probleme, bei denen Sie Hilfe von einem Profi brauchen könnten.
Suchen Sie im Kurs Personen, die Ihnen helfen können.

1. Steckdose kaputt
2. ...
3. ...

- ● Kannst du / Können Sie / Könnt ihr eine Steckdose reparieren?
- ○ Ich kann / Wir können das nicht, aber Dimitri ist Elektriker, vielleicht kann er das.
- ● Dimitri, kannst du ...

> Sie informieren sich darüber, welche Berufe und Berufs-
> felder es gibt und welche für Sie interessant sind.

B | Sich über Berufsfelder informieren

1

a Zu welchen Berufsfeldern gehören die Berufe? Lesen Sie und ordnen Sie zu.

[ ] Koch / Köchin   [ ] Ingenieur / Ingenieurin
[ ] Bürokaufmann / Bürokauffrau   [ ] Krankenpfleger / Krankenpflegerin
[ ] Verkäufer / Verkäuferin   [ ] Lagerist / Lageristin

1. **Gesundheit / Soziales** – In diesem Bereich kümmern sich Menschen darum, dass es anderen gut geht. In den Berufen geht es vor allem um Pflege, (medizinische) Betreuung und Erziehung.

2. Unter **Dienstleistungen** fasst man verschiedene Berufe und Tätigkeiten zusammen, bei denen Menschen anderen Menschen einen bestimmten Service bieten. Typische Beispiele sind Berufe in Hotellerie / Gastronomie und im Handwerk.

3. Im Berufsfeld **Hotellerie / Gastronomie** steht der Gast im Mittelpunkt. Die wichtigsten Arbeitsorte sind Hotels und Restaurants.

4. **Verkehr / Lager / Logistik** – In diesen Berufen kümmern sich Menschen darum, dass Waren und Personen zur richtigen Zeit am richtigen Ort sind.

5. In **Handwerk und Produktion** werden vor allem Produkte hergestellt. Im Handwerk arbeitet man meistens auf Bestellung. Das Handwerk steht im Gegensatz zur Industrieproduktion.

6. **IT / Datenverarbeitung** – Hier dreht sich alles um Computer. Personen, die in diesem Bereich tätig sind, entwickeln z. B. Software oder betreuen Computernetzwerke in Firmen.

7. In **Handel und Verkauf** kaufen und verkaufen Menschen verschiedene Produkte.

8. Berufe im Bereich **Bau / Architektur** haben alle mit dem Bau oder der Renovierung von Gebäuden zu tun.

9. **Technik** – Technische Berufe gibt es in verschiedenen Bereichen. Die wichtigsten sind Elektro und Metall / Maschinenbau.

10. **Bürowesen / Verwaltung** – In diesem Berufsfeld organisieren Menschen verschiedene Dinge, z. B. Arbeitsabläufe, Finanzen oder Kommunikation.

11. Im Bereich **Landwirtschaft / Natur / Umwelt** haben die meisten Berufe mit Tieren, Pflanzen, Wäldern oder Landschaften zu tun.

 b Was zeichnet die Berufsfelder aus? Lesen Sie noch einmal und diskutieren Sie die Fragen. Stellen Sie sich weitere Fragen.

1. In welchem Bereich arbeiten sehr viele an der frischen Luft?
2. Wo arbeiten die meisten mit Menschen bzw. für Menschen?
3. In welchen Berufen werden Waren / Gegenstände produziert?
4. Wo hat man sehr viel mit Zahlen zu tun?
5. In welchem Bereich ist das Arbeiten wahrscheinlich körperlich anstrengend?

c Welchen Beruf haben Sie? In welchem Beruf möchten Sie am liebsten arbeiten?
Sammeln Sie im Kurs und notieren Sie die Berufe in der Tabelle.

Gesundheit / Soziales:	Dienstleistungen: *Friseur/in*	Hotellerie / Gastronomie:
Verkehr / Lager / Logistik:	Handwerk / Produktion: *Friseur/in*	IT / Datenverarbeitung:
Handel / Verkauf:	Bau / Architektur:	Technik:
Bürowesen / Verwaltung:	Landwirtschaft / Natur / Umwelt:	

d Gibt es weitere Berufe, die Sie interessant finden? Ergänzen Sie die Tabelle in 1c.

2 **a** Mit welchem Beruf kann man in Deutschland leicht Arbeit finden?
Sehen Sie sich die Übersicht an und diskutieren Sie.

Diese Branchen suchen Mitarbeiter:

Elektrotechnik   Maschinenbau   Verkehrsdienstleister

Architektur- und Ingenieurbüros   Gastgewerbe   IT-Branche

Baugewerbe   Alten- und Krankenpflege   Zeitarbeit

nach: wiwo, 2012

b Wie finden Sie die Übersicht? Tauschen Sie sich aus.

- Ich habe nicht gewusst, dass Firmen im Bereich Verkehr Mitarbeiter suchen. Vielleicht kann ich mit meinem LKW-Führerschein etwas anfangen?
- Viele Branchen haben mit Technik zu tun. Das ist schade, weil ich von Technik keine Ahnung habe.

c In welchen Bereichen und Berufen gibt es in Ihrem Herkunftsland Arbeit? Erzählen Sie.

3 Mit welchen Berufen kann man in verschiedenen Branchen arbeiten? Sammeln und notieren Sie.

Koch: Restaurant (Gastronomie), Kantine in Firma (andere Branchen)
Sekretärin: fast überall

Sie suchen eine (neue) Arbeitsstelle. Um besser
suchen zu können, machen Sie sich Gedanken
über Ihre persönlichen beruflichen Ziele.

C | Berufliche Ziele und Pläne beschreiben

1

**a Wo möchten Sie beruflich in drei Jahren stehen? Wie könnte Ihre Arbeit aussehen?
Sammeln Sie Ideen und erstellen Sie ein Mindmap. Notieren Sie Stichworte.**

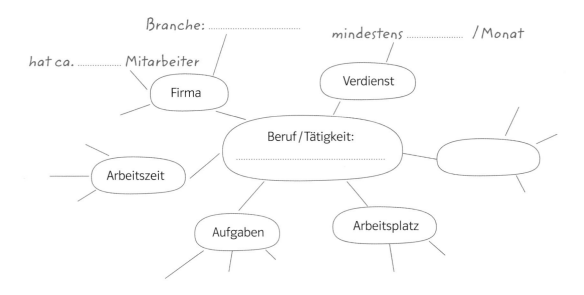

b Sehen Sie sich gemeinsam Ihre Notizen an und tauschen Sie sich aus.

- ● Was wollen Sie / willst du beruflich machen?
- ○ Ich möchte als Chemiker arbeiten.
- ● Und wo möchten Sie / möchtest du am liebsten arbeiten?
- ○ Ich würde sehr gerne in einem Labor arbeiten, dort …

2

a Wie kann man Wünsche und Pläne ausdrücken? Markieren Sie die Verben in 1b.

b Welcher Satz drückt den Wunsch am stärksten aus? Ordnen Sie zu.

1. Ich möchte als Erzieherin arbeiten.	starker Wunsch, Plan
2. Ich will als Erzieherin arbeiten.	Wunsch
3. Ich würde gerne als Erzieherin arbeiten.	vorsichtiger Wunsch

> Modalverben
> *wollen, möchte_* = Pläne, Wünsche
> Auch: *würde_ gerne*

3

**Schreiben Sie einen Text über Ihre beruflichen Wünsche und Ziele. Beschreiben Sie
ihren „Traumarbeitsplatz" und nutzen Sie Ihre Stichworte aus 1a.**

In drei Jahren möchte ich als …
Sehr gerne würde ich …
Mein Traumarbeitgeber ist …

Frau Galuschka nimmt an einem berufsbezogenen Deutschkurs teil. Im Kurs gibt es eine Beraterin, die die Lernenden bei der beruflichen Orientierung und bei Bewerbungen unterstützt. Mit ihr führt Frau Galuschka zu Beginn des Kurses ein Gespräch.

D | Fragen zur beruflichen Orientierung verstehen

1

a Was meinen Sie: Welche Fragen stellt die Beraterin? Sammeln Sie.

Was möchten Sie beruflich machen?
Haben Sie schon in Deutschland gearbeitet?

▶1 **b** Welche Themen spricht die Beraterin an? Hören Sie das Gespräch und kreuzen Sie an.

[ ] Beruf / Berufserfahrung
[ ] Persönliche Interessen
[ ] Gespräch bei der Agentur für Arbeit
[ ] Gesundheit

[ ] alternative Pläne
[ ] Computerkenntnisse
[ ] Praktikum
[ ] Kindergartenplatz

▶1 **c** Bei welchen Punkten ist die Beraterin skeptisch? Hören Sie noch einmal und kreuzen Sie an.

[ ] 1. Sie glaubt nicht, dass Frau Galuschka Berufserfahrung hat.
[ ] 2. Sie ist nicht sicher, ob Frau Galuschka ein Praktikum als Buchhalterin findet.
[ ] 3. Sie bezweifelt, dass Frau Galuschka die richtigen Computerprogramme kennt.

2 Was ist für Frau Galuschka notwendig, um Ihre Ziele zu erreichen?
Was empfiehlt ihr die Beraterin? Ordnen Sie zu.

1. Als Buchhalterin müssen Sie gute PC-Kenntnisse haben.
2. Sie sollten mit Ihrem Arbeitsvermittler sprechen.
3. Vielleicht müssen Sie andere Programme lernen.
4. Sie sollten über eine Alternative nachdenken.

Notwendigkeit
Empfehlung

> **Modalverben**
> *müssen* = Notwendigkeit, Aufgabe
> *sollten* = Ratschlag, Empfehlung

3 **a** Was hat Ihre Arbeitssuche bisher schwierig gemacht? Notieren Sie.

Ich kann kein Englisch, aber das ist für meine Arbeit in Deutschland wichtig.
Ich bin Diabetiker und muss manchmal morgens zum Arzt.

b Tauschen Sie sich über Ihre Probleme aus und geben Sie sich Ratschläge.

● Sie sollten / Du solltest einen Englischkurs machen.
○ Wenn Sie besondere PC-Kenntnisse brauchen, müssen Sie die Programme lernen.

4 Was möchten Sie in Ihrem nächsten Beratungsgespräch ansprechen? Notieren Sie Stichworte zu Ihren Zielen und Fragen.

Praktikum: wie finde ich einen Platz?

> Frau Galuschka spricht mit einer Beraterin über ihre beruflichen Pläne. Die Beraterin hört aufmerksam zu.

E | Aktiv zuhören

1 Wie zeigen Deutsche, dass sie zuhören? Sammeln Sie Ihre Beobachtungen.

2 **a** Wie zeigt die Beraterin, dass sie zuhört? Welche Formulierungen nutzt sie?

▶ 2 Hören Sie das Gespräch und markieren Sie.

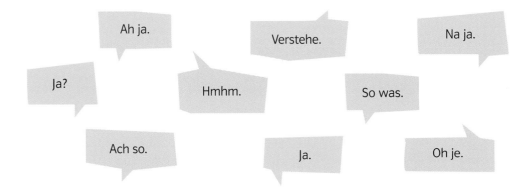

b Mit welchen Floskeln kann man Gefühle ausdrücken? Sprechen Sie die Formulierungen aus 2 a laut aus und ordnen Sie zu.

Überraschung: .... , ... ,

Mitleid: .... , Skepsis: ....

c Welche Floskel aus 2 a benutzt man in Deutschland am häufigsten? Notieren Sie.

3 **a** Führen Sie ein Gespräch über Ihre Kursziele. Eine Person spricht, die andere hört aktiv zu und verwendet Floskeln aus 2.

b Spielen Sie das Gespräch in der Gruppe vor. Die anderen notieren Ihre Höreraktivitäten und geben Feedback. Tauschen Sie die Rollen.

4 Wie zeigt man in Ihrem Herkunftsland, dass man aufmerksam zuhört? Erzählen und vergleichen Sie.

Teamfähigkeit Eigeninitiative Pünktlichkeit
Zuverlässigkeit Freundlichkeit Motivation
Interkulturelle Kompetenz Konfliktfähigkeit
Lernbereitschaft Kundenorientierung Flexibilität

F | Schlüsselqualifikationen

1 **Was sind Schlüsselqualifikationen? Kreuzen Sie an.**

[ ] Kompetenzen, die der Schlüssel zum Erfolg am Arbeitsplatz, d.h. sehr wichtig, sind.
[ ] Fähigkeiten, die man braucht, um Schlüssel zu produzieren.

2 **a Um welche Schlüsselqualifikation geht es? Welche Beschreibung passt? Verbinden Sie.**

1. teamfähig
2. pünktlich
3. motiviert
4. zuverlässig
5. interkulturell kompetent
6. flexibel
7. konfliktfähig
8. kundenorientiert

a. Ich möchte gern arbeiten und zeige das auch.
b. Was ich vereinbart oder versprochen habe, mache ich auch.
c. Ich kann gut mit anderen zusammenarbeiten.
d. Ich kann gut mit Menschen aus anderen Kulturen umgehen.
e. Ich kann mit Problemen umgehen.
f. Ich erkenne Wünsche von Kunden und reagiere darauf.
g. Ich halte Termine ein.
h. Wenn etwas verändert wird, kann ich gut darauf reagieren.

b Kennen Sie weitere ähnliche Adjektive, z.B. aus Stellenanzeigen? Sammeln Sie.

belastbar, freundlich, ...

3 **a Welche Schlüsselqualifikationen haben Sie? Notieren Sie 3 Adjektive,
die Sie in einer Bewerbung nutzen können.**

Ich bin   1. ....   2. ....   3. ....

**b Welche Schlüsselqualifikationen brauchen Sie für Ihren nächsten Arbeitsplatz? Warum?
Tauschen Sie sich aus.**

● Ich möchte als Verkäuferin arbeiten. Da muss ich kundenorientiert und freundlich sein.

4 **a Was glauben Sie: Welche Bedeutung haben Schlüsselqualifikationen im Arbeitsleben?
Wie wichtig sind sie im Vergleich zum Fachwissen? Kreuzen Sie an.**

[ ] 80% Fachwissen / 20% Schlüsselqualifikationen
[ ] 50% Fachwissen / 50% Schlüsselqualifikationen

b Vergleichen Sie mit der Lösung auf S. 152. Was halten Sie davon? Tauschen Sie sich aus.

● So viel? Das überrascht mich.
○ Mich nicht, ich habe in der Ausbildung so viel gelernt und habe es bei der Arbeit nie gebraucht.

Wörter und Wendungen: Berufliche Orientierung

über beruflich relevante Kompetenzen sprechen

die Kompetenz, -en

die Fähigkeit, -en

erwerben Kompetenzen erwerben

nutzen Kompetenzen für die Arbeit nutzen

einsetzen Kompetenzen am Arbeitsplatz
einsetzen

umgehen mit + Dat. mit Menschen umgehen

führen Mitarbeiter führen

bedienen Maschinen bedienen

reparieren

zu tun haben mit + Dat. mit Kunden zu tun
haben

sich über Berufsfelder informieren

das Berufsfeld, -er

die Dienstleistung, -en

die Gastronomie (nur Sg.)

die Logistik (nur Sg.)

das Handwerk (nur Sg.)

die Produktion (nur Sg.)

der Handel (nur Sg.)

der Verkauf (nur Sg.)

die Technik (nur Sg.)

die Verwaltung, -en

die Landwirtschaft (nur Sg.)

die Ware, -n

das Produkt, -e

die Branche, -n

das Baugewerbe (nur Sg.)

die Elektrotechnik (nur Sg.)

der Maschinenbau (nur Sg.)

die Alten- und Krankenpflege (nur Sg.)

berufliche Ziele und Pläne beschreiben

das Ziel, -e berufliche Ziele haben

der Plan, ¨e

der Wunsch, ¨e

stehen Wo möchten Sie in 3 Jahren stehen?

die Tätigkeit, -en

die Aufgabe, -n

Fragen zur beruflichen Orientierung verstehen

die Orientierung (nur Sg.) berufliche
Orientierung

die Berufserfahrung, -en

die Kenntnis, -se

das Interesse, -n persönliche Interessen

nicht glauben Sie glaubt nicht, dass …

nicht sicher sein Sie ist nicht sicher, ob …

bezweifeln Sie bezweifelt, dass …

die Alternative, -n Sie sollten über eine
Alternative nachdenken.

aktiv zuhören

zuhören

schauen in die Augen schauen

die Überraschung, -en

das Mitleid (nur Sg.)

die Skepsis (nur Sg.)

Schlüsselqualifikationen

die Schlüsselqualifikation, -en

das Fachwissen (nur Sg.)

der Erfolg, -e

teamfähig

pünktlich

motiviert

zuverlässig

interkulturell kompetent

flexibel

konfliktfähig

kundenorientiert

belastbar

Markieren Sie Wörter und Wendungen, die Sie nicht verstehen. Wo stehen sie in der Lektion? Verstehen Sie sie im Kontext? Wenn Sie Hilfe brauchen, fragen Sie Ihre Lernpartner oder Ihre Kursleitung.

Welche 7 Wörter möchten Sie sich merken? Schreiben Sie sie in Silben auf ein Blatt Papier und schneiden Sie die Silben aus. Mischen Sie und legen Sie die Wörter wieder zusammen.

Grammatik im Überblick

Modalverben

können = Fähigkeiten

Singular			Plural		
ich	kann		wir	können	
du	kannst	Sie können (formell)	ihr	könnt	Sie können (formell)
er / es / sie	kann		sie	können	

wollen / möchte_ = Pläne, Wünsche

Singular			Plural		
ich	will		wir	wollen	
du	willst	Sie wollen (formell)	ihr	wollt	Sie wollen (formell)
er / es / sie	will		sie	wollen	

Singular			Plural		
ich	möchte		wir	möchten	
du	möchtest	Sie möchten (formell)	ihr	möchtet	Sie möchten (formell)
er / es / sie	möchte		sie	möchten	

Wünsche kann man vorsichtig auch mit *würde_ gerne* + Infinitiv formulieren.

müssen = Notwendigkeit, Aufgabe

Singular			Plural		
ich	muss		wir	müssen	
du	musst	Sie müssen (formell)	ihr	müsst	Sie müssen (formell)
er / es / sie	muss		sie	müssen	

sollen (Konjunktiv II) = Ratschlag, Empfehlung

Singular			Plural		
ich	sollte		wir	sollten	
du	solltest	Sie sollten (formell)	ihr	solltet	Sie sollten (formell)
er / es / sie	sollte		sie	sollten	

Das Modalverb *sollen* wird im Konjunktiv II für Ratschläge und Empfehlungen verwendet.

Im Satz:

Position 1	Position 2 (Modalverb)		Satzende (Infinitiv)
Ich	kann	sehr gut	kochen.
Ich	möchte	in drei Jahren am liebsten in einem Labor	arbeiten.
Dafür	müssen	Sie gute Computerkenntnisse	haben.
Sie	sollten	über eine Alternative	nachdenken.

Rückblick: Lektion 1

1 **Was haben Sie in der Lektion 1 gelernt? Was sind Ihre persönlichen Ergebnisse? Notieren Sie Stichworte.**

Meine wichtigsten Kompetenzen: 1. ....

2. ....

3. ....

Mein Traumarbeitsplatz: Berufsfeld: ....

Branche: ....

Arbeitsort: ....

Meine Ziele für den Kurs: ....

....

Meine Schlüsselqualifikationen: ....

....

2 **a Was möchten Sie noch üben und vertiefen? Was möchten Sie dafür tun? Tauschen Sie sich aus und notieren Sie.**

Ich will: ....

....

Meine nächsten Schritte: ....

....

b Wer kann Ihnen dabei helfen? Sammeln Sie.

- Frau … kann ich meinen Lebenslauf zeigen. Sie macht das Bewerbungstraining im Kurs.
- Ja, und wegen … sprichst du am besten mit deinem Arbeitsvermittler.

3 **Gibt es Themen, die Sie im Kurs erweitern möchten? Warum? Sprechen Sie im Kurs, machen Sie eine Kursliste und planen Sie gemeinsam.**

- Ich möchte gerne mehr über Berufe im Bereich Elektronik wissen.
- Ich …

* Berufsfeld Elektro
*

>> Mario Montenari, LKW-Fahrer aus Italien,
42 Jahre, seit 20 Jahren in Deutschland

Herr Montenari arbeitet in Deutschland
seit 14 Jahren als LKW-Fahrer und ist viel
unterwegs. Er ist verheiratet und hat zwei kleine
Kinder. Seine Frau möchte wieder mehr arbeiten.
Er sucht deshalb eine Tätigkeit, bei der er mehr
zu Hause ist.

2 | Auf Arbeitssuche

1

▷ 3

Welche Idee hat Frau Montenari? Hören Sie und kreuzen Sie an.

Herr Montenari kann　　[ ] den Taxischein machen.　　[ ] Busfahrer werden.

2

**a　Wie sieht die Arbeit als Busfahrer aus? Was braucht man für die Arbeit? Lesen Sie die Wörter und
diskutieren Sie.**

kundenorientiert　　Engagement

Stau　Sicherheit　　　　　　　　　　pflichtbewusst

Verantwortung　　Busfahrer　　　　　　bewegen

Schichtdienst　　　　　Flexibilität

Chancen　　　　　Fahrgäste　　Konflikte

Familie und Job vereinbaren

● Als Busfahrer hat man Verantwortung für Menschen.
○ Stimmt, man muss sicher fahren.

b　Ist die Arbeit als Busfahrer/in für Sie attraktiv? Warum (nicht)? Berichten Sie.

3

**In welchem Beruf möchten Sie gerne arbeiten? Was wissen Sie über diese Arbeit? Kennen Sie die
Voraussetzungen und erfüllen Sie sie? Tauschen Sie sich aus.**

Frau Mamo hat eine Stelle als Küchenhilfe, möchte aber gerne in ihrem Beruf als Erzieherin arbeiten. Sie lässt sich bei der Agentur für Arbeit beraten.

A | In Beratungsgesprächen Fragen stellen

1 **a** Welche Fragen könnte Frau Mamo
Ihrer Arbeitsvermittlerin stellen? Sammeln Sie.

Wie kann ich Arbeit als Erzieherin finden?
Brauche ich ein deutsches Zeugnis?
...

▶4 **b** Welche Fragen stellt Frau Mamo? Hören Sie das Beratungsgespräch und vergleichen Sie
mit Ihren Vermutungen.

▶4 **c** Hören Sie das Gespräch noch einmal und ergänzen Sie die Fragen.

1. .... Möglichkeiten habe ich hier in meinem Beruf?

2. .... Kurs empfehlen Sie mir?

3. .... ist der Unterschied zwischen Erzieherin und Kinderpflegerin?

4. .... Sie den Kurs oder muss ich ihn selber .... ?

5. .... ich Arbeitslosengeld, wenn ich den Kurs besuche?

6. .... finde ich einen Kurs?

2 **a** Welche Antworten bekommt Frau Mamo? Ordnen Sie die Stichworte den Fragen aus 1c zu.
Nummerieren Sie.

a. [4] Bildungsgutschein möglich
b. [ ] Erzieher gesucht → Chancen gut
c. [ ] zweite Kraft neben Erzieherin
d. [ ] Internetseite: KURSNET
e. [ ] Kurs für Kinderpflegerinnen
f. [ ] maximal 1 Jahr

b Welche Informationen sind für Sie neu? Tauschen Sie sich aus.

● Ich habe nicht gewusst, dass man 1 Jahr lang Arbeitslosengeld bekommt.
○ Das wusste ich. Aber ich wusste nicht, dass ...

3 **a** Ergänzen Sie die Fragen aus 1c in der Tabelle. Wo steht das konjugierte Verb? Markieren Sie.

Fragewort	Verb	Subjekt	
1.		ich	einen Kurs?
2.			mir?
3.		Sie	den Kurs?
4.		ich	

b Auf welche Fragen antwortet man mit *Ja* oder *Nein*? Zu welchen erwartet man mehr Informationen? Notieren Sie.

ja / nein: Frage ...., ...   Informationen: Frage ...., ...

Fragesätze
Frage mit Fragewort: Verb auf Position 2
Ja- / Nein-Frage: Verb am Satzanfang

c Was wollten Sie schon immer von Ihrer Lernpartnerin / Ihrem Lernpartner wissen? Stellen Sie ihr / ihm 3 Ja- / Nein-Fragen und 3 Fragen mit Fragewort.

- Warum bist du eigentlich nach Deutschland gekommen?
- Isst du als Italiener gerne Pizza?
- …

4 **a** Welche Fragen haben Sie an die Arbeitsagentur? Bereiten Sie ein Beratungsgespräch vor und machen Sie Notizen.

Bereiten Sie sich auf Beratungsgespräche bei der Arbeitsagentur vor. Notieren Sie Ihre Fragen und passenden Wortschatz.

Checkliste für Beratungsgespräch

Mein Ziel für das Gespräch: ....

....

Meine Fragen: ....

....

....

....

Schwierige Wörter: ....

....

b Geben Sie Ihre Notizen Ihrer Lernpartnerin / Ihrem Lernpartner zur Korrektur. Sind die Fragen für das Ziel hilfreich? Diskutieren Sie und ändern Sie sie gemeinsam.

c Spielen Sie ein Beratungsgespräch und stellen Sie Ihre Fragen. Wechseln Sie die Rollen.

B | Im Internet Stellenangebote finden

1 a Wo kann man im Internet Stellenangebote finden? Ordnen Sie zu.

1. monster.de JOBworld.de
2. JOBBÖRSE
3. **HOGAPAGE.DE**
4. WWW.STUTTGARTER-ZEITUNG.DE / STELLEN
5. **BOSCH** Jobs und Karriere

Internetseiten von Firmen
Stellenbörsen für spezielle Branchen
allgemeine Stellenbörsen
Stellenbörse der Agentur für Arbeit
Internetseiten von Zeitungen

b Welche Seiten sind für Sie persönlich interessant? Tauschen Sie sich aus.

2 **a Suchen Sie ein passendes Stellenangebot.**

SO GEHT'S!

Schritt 1: Wählen Sie Beruf und Ort aus.
1. Friseur/in – Hamburg
2. Busfahrer/in – München
3. Koch / Köchin – Düsseldorf

Schritt 2: Wählen Sie eine Stellenbörse aus.
A arbeitsagentur.de → JOBBÖRSE
B monster.de
C meinestadt.de → Stellen

Schritt 3: Suchen Sie auf der Internetseite Felder, in die man Beruf und Ort eingeben kann. Geben Sie die Wörter ein.

Schritt 4: Starten Sie die Suche.

Schritt 5: Überfliegen Sie die Ergebnisse der Suche.

Schritt 6: Wählen Sie ein Stellenangebot aus und drucken Sie es aus.

b Beantworten Sie gemeinsam die Fragen.

Zum Stellenangebot
1. Wer ist der Arbeitgeber?
2. Wo ist die Arbeitsstelle?
3. Wie sind die Arbeitszeiten?
4. Ist das Angebot aktuell?

Zur Suche
1. Haben Sie ein passendes Stellenangebot gefunden?
2. Welche Probleme gab es? Wie haben Sie sie gelöst?
3. Welche Wörter auf der Internetseite sind schwierig?
4. Wie finden Sie die Internetseite?

c Haben Sie Angebote gefunden? Stellen Sie Ihre Ergebnisse im Kurs vor und vergleichen Sie.

**3 Sehen Sie sich eine Stellenbörse noch einmal an. Welche Informationen kann man wo eingeben?
Wie unterscheiden sich die Suchergebnisse? Experimentieren Sie.**

4 Suchen Sie für sich selbst im Internet ein passendes Stellenangebot.

> Herr Montenari hat gerade eine Umschulung zum Busfahrer abgeschlossen. Er liest eine Stellenanzeige und hat noch Fragen dazu. Er ruft den Arbeitgeber an.

C | Informationen zu einem Stellenangebot verstehen

1

a Welche Fragen hat Herr Montenari? Was könnte der Arbeitgeber antworten? Lesen Sie und sammeln Sie mögliche Antworten.

Wir suchen aktuell:

Busfahrer (m/w)

für den Ausflugs- und Linienverkehr im Raum Krefeld!
Zur Festeinstellung in Vollzeit! Sie erhalten einen unbefristeten Arbeitsvertrag!

Ihr Profil:
· FS Klasse D Omnibusse, Erfahrung im Busverkehr /
  Öffentlichen Personennahverkehr
· Zuverlässigkeit, selbstständige Arbeitsweise

Tagesausflüge?
mehrere Tage weg?
wie oft?

Arbeitszeiten?

Erfahrung Lkw-Fahrer?

▶ 5

b Hören Sie das Telefongespräch und vergleichen Sie mit Ihren Vermutungen.

▶ 5

c Zu welchen Themen bekommt Herr Montenari Informationen? Hören Sie das Gespräch noch einmal und kreuzen Sie an.

[ ] Fahrpraxis   [ ] Tagesfahrten   [ ] Schichtdienst
[ ] Gehalt   [ ] Wochenendfahrten   [ ] Team

2

a Was passt zusammen? Verbinden Sie.

1. Für uns ist Fahrpraxis wichtig
2. Meistens sind es Tagesfahrten,
3. Die Kollegen fahren 8 Stunden am Stück
4. Es gibt Wochenendfahrten,
5. Sie schicken die Unterlagen nicht per Post,

a. aber dafür teilen wir Sie selten ein.
b. sondern Sie bringen sie besser vorbei.
c. und die haben Sie ja.
d. denn wir fahren vor allem für Schulen.
e. oder sie haben geteilte Dienste.

b Auf welcher Position stehen die Konnektoren im Satz? Wo steht das Verb? Kreuzen Sie an.

aber, denn, ...:   Position   [ ] 0   [ ] 1   [ ] 2
Verb: Position   [ ] 0   [ ] 1   [ ] 2

Hauptsätze verbinden: A-D-U-S-O
aber – denn – und – sondern – oder
stehen auf Position 0 im Satz

3

Was meinen Sie: Bewirbt sich Herr Montenari auf die Stelle? Diskutieren Sie.

4

Analysieren Sie Stellenangebote. Notieren Sie Fragen und stellen Sie die Fragen Ihrer Lernpartnerin / Ihrem Lernpartner. Antwortet sie / er, was Sie erwartet haben?

D | Einen Lebenslauf schreiben

1 a Wo steht das im Lebenslauf? Lesen Sie und ordnen Sie die Überschriften zu.

Berufstätigkeit | Weitere Kenntnisse | Schul- und Ausbildung | Fort- und Weiterbildung |
Persönliche Daten

LEBENSLAUF

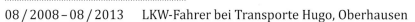

Name:	Mario Montenari
Wohnort:	Ringstraße 26, 47179 Duisburg
Telefon:	02066 / 8524
E-Mail:	ma.montenari@yahoo.de
Geburtsdatum / -ort:	26.05.1971, Gioi / Cilento, Italien
Familienstand:	verheiratet, zwei Kinder
in Deutschland seit:	1.4.1993

08 / 2008 – 08 / 2013	LKW-Fahrer bei Transporte Hugo, Oberhausen
03 / 2008 – 07 / 2008	arbeitssuchend
05 / 1999 – 10 / 2007	LKW-Fahrer bei Tutti Frutti, Duisburg
12 / 1995 – 04 / 1999	Kellner und Fahrer bei Pizzeria Diavolo, Duisburg
01 / 1994 – 11 / 1995	Küchenhilfe bei Pizzeria Rizzo, Essen
08 / 1987 – 03 / 1993	Mitarbeit im landwirtschaftlichen Familienbetrieb, Gioi, Italien

09 / 2013 – 03 / 2014	Umschulung zum Busfahrer, Verkehrsakademie Rheinland, Duisburg
10 / 2007 – 02 / 2008	Integrationskurs am Institut für Sprache, Duisburg Abschluss: Zertifikat Deutsch B1
09 / 1998	Fortbildung zum LKW-Fahrer, Akademie Möller, Essen
05 / 1993 – 12 / 1993	Deutschkurse an der Volkshochschule Essen

09 / 1985 – 07 / 1987	Ausbildung zum Landmaschinenfahrer und -mechaniker in Ascea, Italien, mit Abschluss
09 / 1977 – 07 / 1985	Primar- und Mittelschule in Gioi, Italien Abschluss entspricht dem deutschen Hauptschulabschluss

EDV	MS Word und Excel, Outlook, Internet, GPS-Systeme
Führerschein	Klasse B, C, CE, D, DE

Duisburg, 22.3.2014   *Mario Montenari*

b **Wie sieht der Lebenslauf von Herrn Montenari aus? Kreuzen Sie an und vergleichen Sie in der Gruppe.**

1. Im Lebenslauf stehen alle wichtigen Tätigkeiten ab   [ ] dem 1. Schultag.   [ ] der Hochzeit.
2. Herr Montenari hat ab der Schulzeit   [ ] für jedes Jahr   [ ] für 5 Jahre   seine Tätigkeiten genannt.
3. Sein letzter Arbeitgeber steht unter Berufstätigkeit   [ ] am Ende.   [ ] am Anfang.
4. Er hat eine deutsche Entsprechung für seinen   [ ] Schulabschluss   [ ] Führerschein   angegeben.
5. Ganz unten steht   [ ] die Unterschrift   [ ] die Adresse   von Herrn Montenari.

2 a **Sammeln Sie Stichworte zu Ihren Qualifikationen und Daten.**

Schul- und Ausbildung

Fort- und Weiterbildung

Weitere Kenntnisse

Kosmetiksalon

Berufstätigkeit

b **Tauschen Sie die Sammlung mit Ihrer Lernpartnerin / Ihrem Lernpartner. Was verstehen Sie nicht? Stellen Sie sich gegenseitig Fragen.**

Wo war der Kosmetiksalon und was hast du dort gemacht?

c **Bringen Sie die Stichworte in eine Reihenfolge und notieren Sie die passenden Zeiten.**

09 / 1985 – 07 / 1997
Schule
———————→   ———————→

d **Gibt es „Lücken"? Wie können Sie diese positiv darstellen? Kreuzen Sie an oder finden Sie eine andere passende Formulierung.**

[ ] Pflege meiner kranken Mutter   [ ] Erholungsphase   [ ] Mitarbeit im Familienbetrieb
[ ] Sabbatical   [ ] Familienphase   [ ] arbeitssuchend
[ ] Auslandsaufenthalt   [ ] .... [ ] ....

3 **Schreiben Sie Ihren eigenen Lebenslauf.**

Tipps
· Beschreiben Sie bei den Arbeitsstellen, was Sie gemacht haben.
· Geben Sie bei den Abschlüssen deutsche Äquivalente an.
· Erklären Sie Zeiten ohne Beschäftigung positiv.

> Herr Montenari führt ein Gespräch mit seinem
> Arbeitsvermittler. Er möchte ihn davon überzeugen,
> dass er während einer Umschulung zum Busfahrer
> Arbeitslosengeld bekommt.

E | Im Gespräch Emotionen zeigen

1
▶ 6–9
Wie spricht Herr Montenari? Hören Sie den Ausschnitt aus dem Gespräch in 4 Varianten und ordnen Sie zu. Ergänzen Sie die passenden Zahlen.

Variante: [ ]   [ ]   [1]   [ ]
         unsicher   freundlich   mit Nachdruck   aggressiv

2
a Welche Emotionen sind in Gesprächen bei der Arbeitsagentur angemessen und hilfreich, welche unpassend? Ergänzen Sie.

angemessen und hilfreich: .... , ...
unpassend: .... , ...

> Die Kommunikation in Institutionen ist in Deutschland normalerweise sachlich. Starke Emotionen sind unüblich. Man versucht, durch Argumente zu überzeugen.

b Welche Argumente nennt Herr Montenari? Finden Sie die Argumente überzeugend? Diskutieren Sie.

3
a Wie kann man die Sprechweise von Herrn Montenari beschreiben? Hören Sie 2 Varianten noch einmal und unterstreichen Sie.

▶ 6, 9
mit Nachdruck: eher laut | leise   eher schnell | langsam   mit viel | wenig Melodiebewegung
freundlich: eher laut | leise   eher schnell | langsam   mit viel | wenig Melodiebewegung

b Formulieren Sie Wünsche an Ihre Arbeitsvermittlung. Üben Sie, freundlich oder mit Nachdruck zu sprechen. Erkennen Ihre Lernpartner Ihre Sprechweise?

4
▶ 10
a Was passt wo? Hören Sie eine weitere Variante und ergänzen Sie.

doch | aber | eigentlich | denn | ja

Für mich und meine Familie ist die Umschulung zum Busfahrer .... wirklich wichtig. Sonst kann ich mich .... nicht um unsere Kinder kümmern und meine Frau kann auch nicht arbeiten. Ohne Arbeitslosengeld kann ich die Umschulung .... nicht machen, wir brauchen das Geld .... zum Leben. Ist es .... möglich, dass ich Arbeitslosengeld bekomme?

b Lesen Sie den Text mit und ohne Modalpartikeln. Was trifft zu? Kreuzen Sie an.

Der Text mit Modalpartikeln wirkt   [ ] emotionaler.   [ ] sachlicher.

> Modalpartikeln wie *denn, ja, aber, doch* etc. wirken oft emotional.

c Welche anderen Modalpartikeln kennen Sie? Schreiben Sie Sätze, variieren und üben Sie. Welche Emotionen nimmt Ihre Lernpartnerin / Ihr Lernpartner wahr?

Teamfähigkeit Eigeninitiative Pünktlichkeit
Zuverlässigkeit **Freundlichkeit** Motivation
Interkulturelle Kompetenz Konfliktfähigkeit
Lernbereitschaft Kundenorientierung Flexibilität

F | Schlüsselqualifikation: Freundlichkeit

1 Wer ist in Deutschland bei der Arbeit freundlich oder unfreundlich? Welche Erfahrungen haben Sie gemacht? Tauschen Sie sich aus.

● Ich finde, dass Verkäufer in teuren Geschäften oft unfreundlich sind.
○ Ich finde, dass die Leute zu Kollegen meistens freundlich sind.

2 **a** Wer profitiert von Freundlichkeit bei der Arbeit? Welche Vorteile bringt Freundlichkeit? Lesen Sie die Aussage und markieren Sie.

> Von Freundlichkeit profitieren alle: der Kunde, der Unternehmer und vor allem das Personal selbst, von dem alles abhängt. Freundlichkeit im Team schafft Freude bei der Arbeit, und das führt auf jeden Fall und direkt zum Erfolg.
>
> Nadine Mann, Psychologin

In Deutschland erwartet man, dass im Arbeitsleben alle freundlich zueinander sind: Vorgesetzte zu Mitarbeitern und umgekehrt, Kollegen untereinander, Beschäftigte zu Kunden.

b Was halten Sie von der Aussage? Kennen Sie weitere Vorteile von Freundlichkeit bei der Arbeit? Tauschen Sie sich aus.

3 Wie wichtig ist Freundlichkeit bei der Arbeit in Ihrem Herkunftsland? Gibt es Berufe oder Situationen, in denen man unfreundlich sein kann? Erzählen Sie.

4 **a** Wählen Sie eine Situation aus und bereiten Sie ein Gespräch vor. Überlegen Sie, was Sie sagen möchten, und machen Sie Notizen.

1. Sie sind Altenpfleger/in. Ein/e Patient/in beschwert sich über alles. Bleiben Sie freundlich.

2. Sie sind Vorgesetzte/r und erklären einem/r Mitarbeiter/in eine neue Aufgabe. Seien Sie freundlich.

3. Sie arbeiten in einer Werkstatt. Ein Kollege / eine Kollegin hat Werkzeug, das Sie brauchen, nicht aufgeräumt. Sprechen Sie mit ihm / ihr und bleiben Sie freundlich.

b Spielen Sie die Szene im Kurs vor und holen Sie sich Feedback. Waren Sie freundlich? Was denken Sie, was denken die anderen?

5 Was kann man sagen, wenn ein Vorgesetzter, Kollege oder Kunde unfreundlich ist? Sammeln Sie Redemittel und probieren Sie sie aus.

Wörter und Wendungen: Auf Arbeitssuche

in Beratungsgesprächen Fragen stellen
das Beratungsgespräch, -e
die Agentur für Arbeit (nur Sg.)
sich beraten lassen Sie lässt sich bei der
    Agentur für Arbeit beraten.
der Arbeitsvermittler, -
die Arbeitsvermittlerin, -nen
die Möglichkeit, -en Welche Möglichkeiten
    habe ich hier in meinem Beruf?
empfehlen Welchen Kurs empfehlen Sie mir?
der Bildungsgutschein, -e
arbeitslos sein
sich arbeitssuchend melden
das Arbeitslosengeld, -er Bekomme ich
    Arbeitslosengeld?
kündigen
die Sperrfrist, -en

im Internet Stellenangebote finden
das Stellenangebot, -e nach Stellenangeboten
    suchen
die Stellenbörse, -n
die Suche (nur Sg.)
das Ergebnis, -se
die Arbeitsstelle, -n

Informationen zu einem Stellenangebot
    verstehen
die Stellenanzeige, -n
der Arbeitsvertrag, ⸚e
unbefristet ein unbefristeter Arbeitsvertrag
die Arbeitszeit, -en
die Erfahrung, -en

das Gehalt, ⸚er
der Dienst, -e
der Schichtdienst (nur Sg.)
das Team, -s
die Unterlagen (nur Pl.)

einen Lebenslauf schreiben
der Lebenslauf, ⸚e
die Daten (nur Pl.) persönliche Daten
die Berufstätigkeit (nur Sg.)
die Mitarbeit (nur Sg.)
die Kenntnis, -se weitere Kenntnisse
der Abschluss, ⸚e
entsprechen der Abschluss entspricht dem
    Hauptschulabschluss
die Ausbildung, -en
die Fortbildung, -en
der Auslandsaufenthalt, -e
die Familienphase, -n
die EDV (Elektronische Datenverarbeitung)
der Führerschein, -e

im Gespräch Emotionen zeigen
die Emotion, -en
überzeugen Er möchte ihn davon überzeugen,
    dass …
unsicher
freundlich
mit Nachdruck
aggressiv
sachlich
emotional
das Argument, -e

Markieren Sie Wörter und Wendungen, die Sie nicht verstehen. Wo stehen sie in der Lektion? Verstehen Sie sie im Kontext? Wenn Sie Hilfe brauchen, fragen Sie Ihre Lernpartner oder Ihre Kursleitung.

Welche 7 Wörter möchten Sie sich merken? Wählen Sie aus und tragen Sie sie mit verschiedenen Emotionen vor (sachlich, aggressiv, freundlich, . . .).

Grammatik im Überblick

Fragesätze

Frage mit Fragewort

Position 1	Position 2	
Wo	finde	ich einen Kurs?
Welche Möglichkeiten	habe	ich hier in meinem Beruf?

Ja- / Nein-Frage

Position 1 (Verb)	Position 2	
Bezahlen	Sie	den Kurs?
Bekomme	ich	während des Kurses Arbeitslosengeld?

Hauptsätze verbinden

Hauptsatz	Hauptsatz			
	Position 0	Position 1	Position 2	
Es gibt auch Wochenendfahrten,	aber	dafür	teilen	wir Sie selten ein.
Wir machen viele Tagesfahrten,	denn	wir	fahren	vor allem für Schulen.
Für uns ist Fahrpraxis wichtig	und	die	haben	Sie.
Sie schicken die Bewerbung nicht,	sondern	Sie	bringen	sie besser vorbei.
Die Kollegen fahren eine Schicht	oder	sie	haben	geteilten Dienst.

Konnektoren, die Hauptsätze verbinden, stehen auf Position 0.

Bei *und, aber, denn*: Ist das Subjekt in Satz 1 und 2 gleich, kann es in Satz 2 wegfallen.

Wir suchen zum 1.9. neue Mitarbeiter und (wir) freuen uns auf Ihre Bewerbung.

Modalpartikeln

Komm her!	Komm **mal** her!
Das Beratungsgespräch ist morgen.	Das Beratungsgespräch ist **ja** morgen.
Das habe ich dir gesagt.	Das habe ich dir **doch** gesagt.
Das ist interessant.	Das ist **aber** interessant!
Ich kann morgen nicht.	Ich kann morgen **eigentlich** nicht.
Warum kannst du nicht?	Warum kannst du **denn** nicht?

Mit Modalpartikeln wirken Sätze oft emotionaler: freundlicher, aggressiver, …

Sie stehen meist in der Satzmitte und werden nicht betont.

Szenario: Lektion 1 und 2

Lesen Sie die Situationsbeschreibung. Verteilen Sie die Rollen. Bereiten Sie die Aufgaben vor: Suchen Sie passenden Wortschatz und Redemittel. Ihre Kursleitung hilft Ihnen bei der Auswahl der Materialien und bei Fragen. Üben Sie die einzelnen Schritte und üben Sie dann das komplette Szenario.

Situation:

Eine Person spricht mit einem/r Berater/in, die sie bei der beruflichen Integration unterstützt, über ihre aktuelle Situation. Danach vereinbart sie einen Termin bei der Agentur für Arbeit und bespricht dort ihre beruflichen Ziele. Die Person sucht nach Stellenangeboten und wählt eine interessante Anzeige aus. Sie notiert offene Fragen und ruft den/die Arbeitgeber/in an. Passend zur Anzeige schreibt sie einen Lebenslauf und bespricht ihn mit einer/m Angehörigen.

Material / Notizen (Kursleitung)

Schritt 1 Fragen zur beruflichen Orientierung verstehen

→ Leitfaden mit Fragen für Berater/in

Person	**Berater/in**
· beantwortet Fragen · beschreibt berufliche Kompetenzen und wo sie diese erworben hat	· stellt Fragen zur aktuellen Situation, zu Zielen und Kompetenzen · gibt Ratschläge

Schritt 2 berufliche Ziele beschreiben und im Beratungsgespräch Fragen stellen

→ Notizen zu Unterstützungs-möglichkeiten der Arbeitsagentur

Person	**Arbeitsvermittler/in**
· beschreibt berufliche Ziele · fragt nach Unterstützung	· fragt nach · gibt Informationen

Schritt 3 Stellenangebote finden

→ Zeitungen mit Stellenteil

Person	**Angehörige/r**
· sucht Stellenangebote im Internet und in Tageszeitungen	· kommentiert Stellenangebote · fragt nach

Schritt 4 Informationen zu einem Stellenangebot verstehen

→ ausgewähltes Stellenangebot

Person	**Arbeitgeber/in**
· notiert Fragen zu einem Stellenangebot · stellt Fragen	· beantwortet die Fragen · stellt eigene Fragen

Schritt 5 einen Lebenslauf schreiben

Person	**Angehörige/r**
· schreibt einen passenden Lebenslauf	· kommentiert den Lebenslauf · macht Verbesserungsvor-schläge

Frau Özkan war in der Türkei Friseurin. Sie ist vor 15 Jahren zu ihrem Mann nach Deutschland gezogen. Sie hat drei Kinder. Bis jetzt hat sie als Aushilfe im Salon einer Bekannten gearbeitet. Jetzt sind die Kinder alle in der Schule und sie möchte mehr verdienen.

>>Ayşe Özkan, Friseurin aus der Türkei, 35 Jahre, seit 15 Jahren in Deutschland

3 | Bewerbungen

1 Welches Stellenangebot der Arbeitsagentur könnte für Frau Özkan interessant sein? Diskutieren Sie.

Titel des Stellenangebots	Datum
Friseur/in in Vollzeit gesucht!!	22.03.2014
Suche Friseur/in für Samstag auf geringfügiger Basis	22.03.2014
Friseurin gesucht flexible Teilzeit	22.03.2014
Erfahrene Friseur/in VZ oder TZ	22.03.2014
Friseur/in Minijob oder Teilzeit (vormittags)	22.03.2014

- Mit den Kindern kann sie wahrscheinlich nicht in Vollzeit arbeiten.
- Das denke ich auch.

2 **a** Wann möchte Frau Özkan arbeiten? Hören Sie ein Gespräch mit ihrem Arbeitsvermittler
▶ 11 und kreuzen Sie an.

[ ] vormittags   [ ] nachmittags   [ ] flexibel vor- oder nachmittags
[ ] samstags   [ ] am Wochenende

b Welche Stelle kann der Arbeitsvermittler empfehlen? Wählen Sie das passende Angebot in 1 aus.

3 Wie möchten Sie nach dem Kurs arbeiten? In Vollzeit oder in Teilzeit, auf Minijob-Basis? Warum?
Tauschen Sie sich aus.

A | Stellenanzeigen lesen und verstehen

1

a Was ist richtig? Sehen Sie sich die Anzeige an, diskutieren Sie und kreuzen Sie an.

1. Die Firma sucht eine Person für   [ ] das Lager.   [ ] das Personalbüro.   [ ] die Produktion.
2. Die Person ist dafür zuständig, dass die Kollegen
   [ ] Essen in der Kantine   [ ] ihren Lohn / ihr Gehalt   [ ] Computerprogramme   bekommen.

b Wo finden Sie die Informationen in der Stellenanzeige? Markieren Sie und notieren Sie den passenden Buchstaben.

Sachbearbeiter/in (Lohn und Gehalt)

Ihre Aufgaben:
· Vorbereiten und Durchführen der monatl. Gehaltsabrechnung
· Pflege und Aktualisierung der Personalakten
· Beratung der Mitarbeiter bei Fragen zur Abrechnung
· Zusammenarbeit mit Krankenkassen, Ämtern und Behörden

Ihr Profil:
· abgeschlossene kaufmännische Ausbildung oder vergleichbare
  Qualifikation
· Erfahrungen im Bereich Lohn und Gehalt
· Gute MS-Office-Kenntnisse und SAP (HR)

Wir bieten Ihnen:
- einen krisensicheren Arbeitsplatz
- leistungsorientierte Bezahlung und fachliche Weiterbildung

Interesse? Dann senden Sie bitte Ihre Bewerbung an Frau Anastasia Heber
(heber@feinkost-rudi.de). Tel. 07765 / 875-22

D

FEINKOST RUDI   Winterbachweg 8, 79876 Feldbach, www.feinkost-rudi.de

A Tätigkeiten
B Leistungen des Arbeitgebers
C Berufs- / Stellenbezeichnung
D Name des Unternehmens
E Ansprechpartner
F Qualifikationen

2

a Was soll die Person machen? Markieren Sie das passende Verb.

1. Die Gehaltsabrechnung   vorbereiten. | pflegen.
2. Informationen über die Mitarbeiter   bewerben. | aktualisieren.
3. Die Mitarbeiter   abrechnen. | beraten.
4. Mit den Krankenkassen   durchführen. | zusammenarbeiten.

b Wo stehen die Tätigkeiten in der Anzeige? Notieren Sie die Nomen zu den Verben aus 2a und ergänzen Sie die Artikel.

das Vorbereiten, die Pflege, ...

c Zu welchen anderen Nomen in der Anzeige kennen Sie passende Verben? Sammeln Sie.

3

a Welche Informationen aus 1b (A – F) finden Sie in diesen Stellenanzeigen? **Wählen Sie eine Anzeige, markieren Sie im Text und machen Sie eine Tabelle.**

Anzeige	Information
1	C: Berufs- / Stellenbezeichnung

Mitarbeiter/in für
HAUSMEISTERSERVICE
in Vollzeit,

ab 1.7.13, für München Süd/
West gesucht, Deutschkennt.
und Pkw-Führerschein
erforderl., Bewerbungen an:
Hausmeisterservice Tuja,
Mangfallstr. 23, 82131 Gauting

1

Erfahrene Arzthelferin für Praxis
in Hamburg-Zentrum, Vollzeit,
gute Arbeitsbed. gesucht.
Zuschriften unter ✉ ZS 1905783

2

2.000 €/WOCHE! Ohne
Ausbildung, jedes Alter.
geldquelle@yahoo.com

3

Fisch-Mitte
am Marktplatz

Wir suchen ab sofort für unser
Bistro

Servicekraft (m/w)

in Festanstellung.
Beste Bezahlung, kein
Abendgeschäft, Sonn- u.
Feiertage frei.
06543 / 8453

4

3 time 4u
Personaldienstleistungen

Für unsere renommierten
Kunden suchen wir ab sofort
(m/w):

3 Telefonist/innen
4 Altenpfleger
2 Verkäufer Lifestyleprodukte

Bewerbungen bitte an:
Marta Stock, Theaterstr. 9,
13189 Berlin-Pankow

5

b Präsentieren Sie die Ergebnisse im Kurs und tauschen Sie sich aus.

Welche Informationen kommen in vielen Anzeigen vor? Welche fehlen?
Welche Informationen sind besonders wichtig? Warum?
Gibt es andere Informationen? Welche?

c Eine der Stellenanzeigen in 3a ist unseriös.
Welche? Warum? Diskutieren Sie.

> Stellenanzeigen sind oft unseriös,
> wenn wichtige Informationen wie Name und
> Adresse des Unternehmens fehlen. Je mehr
> Informationen es gibt und je größer die Anzeige
> ist, desto besser sind Position und Gehalt.

4

a Wo kann man Stellenanzeigen finden? Kreuzen Sie an und ergänzen Sie.

[ ] bei der Agentur für Arbeit

[ ] in Zeitungen, z.B. .... [ ] in Zeitschriften, z.B. ....

[ ] im Internet auf den Seiten: ....

[ ] ....

b Suchen Sie Stellenanzeigen und lesen Sie sie gemeinsam. Welche Informationen finden Sie (nicht)?
Welche Anzeige ist für Sie interessant? Warum (nicht)?

Herr Ghafar macht gerade ein Praktikum als Gärtner. Er hat eine interessante Stellenanzeige gefunden und schreibt eine Bewerbung.

B | Eine Bewerbung schreiben

1

a Lesen Sie das Anschreiben von Herrn Ghafar und bringen Sie den Text in eine sinnvolle Reihenfolge. Nummerieren Sie.

A Hakim Ghafar • Jahnstr. 23 • 58734 Otterfingen

B Gärtnerei Sedlinger
Martin Sedlinger
Blumenstr. 26
58735 Norderstadt

C Otterfingen, 23.3.2014

D Ihre Anzeige im Stadtkurier vom 20.3.2014
Bewerbung als Gärtner

E Sehr geehrter Herr Sedlinger,

F [ ] In Afghanistan habe ich 15 Jahre lang als Gärtner in verschiedenen Bereichen gearbeitet. Ich habe Erfahrungen sowohl im Obst- und Gemüsebau als auch im Garten- und Landschaftsbau. Leider konnte ich bei meiner Flucht aus Afghanistan keine Zeugnisse mitnehmen.
Im Moment mache ich ein Praktikum beim Garten- und Friedhofsamt Norderstedt und unterstütze das Team bei der Pflege der Parks und Grünanlagen der Stadt. Dabei konnte ich vor allem meine Kenntnisse im Umgang mit Hecken, Sträuchern und Bäumen erweitern.

[ ] Über eine Einladung zu einem Vorstellungsgespräch freue ich mich sehr.

G [ ] Ihre Anzeige im Stadtkurier habe ich mit großem Interesse gelesen und bewerbe mich hiermit um die Stelle als Gärtner.

H [ ] Ich arbeite schnell und zuverlässig. Als einziger Angestellter in einem Familienbetrieb in Kabul habe ich gelernt, selbstständig Aufgaben zu erledigen. Ich kann mich aber auch sehr gut in ein Team einfügen.

I [ ] Ihre Gärtnerei habe ich bereits beim „Tag des Handwerks" im Mai kennen gelernt. Ich war beeindruckt von Ihrem vielfältigen Angebot und würde Sie sehr gern bei Ihrer Arbeit unterstützen.

J Mit freundlichen Grüßen

K *Hakim Ghafar*

b Welche Teile hat das Bewerbungsschreiben? Ordnen Sie zu und ergänzen Sie die Buchstaben aus 1a.

[ ] soziale Kompetenz   [ ] Anrede   [ ] Grußformel
[ ] Bezug zur Anzeige   [ ] Bezug zum Unternehmen   [ ] Betreff
[ ] Adresse der Firma   [ ] eigene Adresse   [ ] Ort und Datum
[ ] Unterschrift   [ ] Fachkompetenz

2 a Wie beginnen die Bewerber ihren Text? Lesen und vergleichen Sie mit dem Brief von Herrn Ghafar. Welche Variante gefällt Ihnen am besten? Warum? Diskutieren Sie.

> Sehr geehrte Frau Blume,
> Sie suchen in Ihrer Anzeige im Tagblatt
> einen Gärtner mit dem berühmten
> „grünen Daumen". Meine Freunde
> sagen, ich habe sogar zwei!

> Sehr geehrte Frau Blume,
> vielen Dank für das freundliche
> Telefonat. Wie besprochen schicke
> ich Ihnen meine Bewerbungs-
> unterlagen zu.

b Suchen Sie eine Anzeige für eine Stelle, die Sie interessiert. Haben Sie eine Idee für einen interessanten Anfang? Überlegen Sie und schreiben Sie 1–2 Sätze.

3 Welche Formulierungen können Sie in Bewerbungen immer wieder nutzen? Markieren Sie im Anschreiben von Herrn Ghafar und sammeln Sie weitere.

Ich habe ... Jahre lang als ... gearbeitet.
Über eine Einladung zu einem Vorstellungsgespräch freue ich mich sehr.

4 a Ergänzen Sie die Sätze aus der Bewerbung von Herrn Ghafar in der Tabelle.

Position 1	Position 2 (Verb 1)	Position 3		Satzende (Verb 2)
	habe			gearbeitet.
	kann			einfügen.
	arbeite			–
	mache			–

b Wo steht das Subjekt? Was steht auf Position 1? Analysieren Sie.

c Wie viele Sätze beginnt Herr Ghafar mit *ich*? Zählen Sie.

> Variieren Sie die Satzanfänge. Das
> macht Ihren Text interessanter.
> Beginnen Sie nicht so oft mit
> *ich*. Nutzen Sie die Position 1 für
> Informationen, die wichtig sind.
> Das Subjekt steht auf Position 1
> oder 3.

5 Schreiben Sie eine Bewerbung zu der Anzeige aus 2b. Tauschen Sie den Text mit Ihrer Lernpartnerin / Ihrem Lernpartner und korrigieren Sie. Achten Sie auf die Satzanfänge.

> Frau Smith beschreibt in einem Vorstellungs-
> gespräch, was sie bisher beruflich gemacht hat.

C | Über den beruflichen Werdegang sprechen

1

▶ 12

a Worüber spricht Frau Smith? Hören Sie, kreuzen Sie an und vergleichen Sie.

[ ] Ausbildung [ ] Berufstätigkeit in England
[ ] Freundeskreis [ ] Umzug nach Deutschland
[ ] Familienphase [ ] Berufstätigkeit in Deutschland

▶ 12 **b Was hat Frau Smith wann gemacht? Hören Sie noch einmal und verbinden Sie.**

1. Nach der Schule	a. habe ich Ihre Anzeige entdeckt.
2. Danach	b. habe ich Deutschkurse besucht.
3. Mit zweiundzwanzig	c. habe ich eine Ausbildung als Schneiderin gemacht.
4. 1993	d. habe ich meinen Mann kennen gelernt.
5. Im ersten Jahr	e. hatte ich drei Jahre lang eine kleine Schneiderei.
6. Anschließend	f. sind die Kinder gekommen.
7. Dann	g. bin ich nach Deutschland gezogen.
8. Inzwischen	h. war ich zwei Jahre lang in einer Änderungsschneiderei tätig.
9. Vor zwei Wochen	i. sind die Kinder groß geworden.

2

a Markieren Sie in 1b alle Verben in der Vergangenheit.

b Perfekt mit *haben* oder *sein*? Ergänzen Sie die Sätze.

haben / sein			Partizip Perfekt
Nach der Schule		ich eine Ausbildung	gemacht.
1993		ich nach Deutschland	gezogen.
Vor zwei Wochen		ich Ihre Anzeige	entdeckt.

c Welche Verben in 1b stehen nicht im Perfekt? Notieren Sie.

Perfekt

haben / sein +
Partizip Perfekt

Wenn Sie etwas in der
Vergangenheit erzählen,
können Sie meistens das
Perfekt nutzen. *Sein* und
haben stehen im Präteritum: ich war, ich hatte

3

a Wie war Ihr beruflicher Werdegang bisher? Beschreiben Sie die wichtigsten Stationen in der Vergangenheit. Verwenden Sie Zeitangaben aus 1b.

Nach der Schule ....

Danach ....

Mit ....

b Erzählen Sie Ihrer Lernpartnerin / Ihrem Lernpartner.

• Also, nach der Schule …

Frau Özkan hat ein Vorstellungsgespräch in einem Friseursalon.

D | Im Vorstellungsgespräch Fragen verstehen

1

a Was meinen Sie: Welche Fragen stellt der Geschäftsführer, Herr Erdal? Kreuzen Sie an.

[ ] 1. Was wissen Sie über uns?
[ ] 2. Wo möchten Sie in fünf Jahren stehen?
[ ] 3. Trinken Sie gerne Alkohol?
[ ] 4. Warum suchen Sie jetzt eine feste Stelle?
[ ] 5. Wie viel möchten Sie bei uns verdienen?
[ ] 6. Wie haben Sie Ihren Mann kennen gelernt?
[ ] 7. Was sind Ihre Stärken, was sind Ihre Schwächen?
[ ] 8. Was macht Sie wütend?
[ ] 9. Möchten Sie noch mehr Kinder haben?
[ ] 10. Haben Sie noch Fragen an uns?

▶ 13 **b** Was fragt Herr Erdal? Hören Sie, markieren Sie in 1a und vergleichen Sie mit Ihren Vermutungen.

c Worüber soll Frau Özkan sprechen? Ordnen Sie den Themen Fragen aus 1a zu.

[ ] Gehaltsvorstellungen
[ ] Informationen über den Arbeitgeber
[ ] Motivation für die Bewerbung
[ ] persönliche Eigenschaften
[ ] Pläne für die berufliche Zukunft

d Kennen Sie weitere typische Fragen für Vorstellungsgespräche? Sammeln Sie.

2

a Eine Frage in 1a darf der Geschäftsführer so nicht stellen. Welche und warum? Diskutieren Sie.

b Sammeln Sie weitere unzulässige Fragen.

Sind Sie in der Gewerkschaft?

> Auf Fragen nach Gesundheit, Schwangerschaft, Familienplanung, Religion, politischer Einstellung oder Mitgliedschaft in einer Gewerkschaft müssen Sie nicht die Wahrheit sagen, wenn die Informationen für die Stelle nicht relevant sind. Diplomatie ist aber immer gut.

3 Wählen Sie 10 Fragen (auch unzulässige) und formulieren Sie Antworten. Vergleichen Sie im Kurs. Welche Antworten finden Sie überzeugend, welche nicht? Warum?

In den nächsten Jahren möchte ich im Beruf weiterkommen, Kinder sind da kein Thema.
Ja, ich möchte gern noch wissen, wie groß das Team ist?

E | Small Talk führen

Frau Özkan hat ein Vorstellungs-gespräch. Die Inhaberin des Salons ist noch nicht da. Sie unterhält sich mit einer Friseurin.

1

a Was meinen Sie: Was ist ein guter Einstieg in einen Small Talk? Kreuzen Sie an.

[ ] 1. Sie sehen gut aus. Sind Sie verheiratet?
[ ] 2. Die Verkehrsverbindung zu Ihnen ist ja sehr bequem.
[ ] 3. Der Salon ist sehr schön und hell.
[ ] 4. Hier ist es viel zu laut. Sind die Fenster nicht dicht?
[ ] 5. Wie viele Bewerber waren denn vor mir schon da?
[ ] 6. Wunderbares Wetter heute, nicht wahr?
[ ] 7. Haben Sie gestern das Fußballspiel gesehen? Das war ja fantastisch!

▶ 14 **b Welche Sätze hören Sie in den Dialogen? Vergleichen Sie mit Ihren Vermutungen.**

c Warum sind die anderen Sätze für Small Talk problematisch? Lesen und diskutieren Sie.

> Small Talk ist Englisch und bedeutet *kleines Gespräch*. Es dauert nur ein paar Minuten und wird von einem Lächeln begleitet. Die Themen sind allgemein und unproblematisch. Der Einstieg ist positiv und nicht zu direkt oder persönlich. Small Talk ist ein guter Türöffner für neue Kontakte und hilft auch mit Bekannten wie Kunden und Vorgesetzten ins Gespräch zu kommen.

2

a Welche Themen spricht Frau Özkan in 1b im Small Talk an? Kreuzen Sie an.

[ ] Wetter   [ ] Bewerbung   [ ] Umgebung   [ ] Sport   [ ] Verkehr

b Gibt es in Ihrem Land andere Themen für Small Talk? Sammeln und vergleichen Sie.

Land	Themen

3   **Was läuft in diesem Gespräch schief? Hören und unterstreichen Sie.**

▶ 15

Der Small Talk ist   zu lang | zu kurz.
zu sachlich | zu emotional.

4

a Gehen Sie durch den Raum und führen Sie mit verschiedenen Personen Small Talk. Variieren Sie die Themen.

b Welchen Small Talk fanden Sie gut, welchen weniger gut? Warum? Geben Sie sich Feedback.

Teamfähigkeit Eigeninitiative Pünktlichkeit
Zuverlässigkeit Freundlichkeit Motivation
Interkulturelle Kompetenz Konfliktfähigkeit
Lernbereitschaft Kundenorientierung Flexibilität

F | Schlüsselqualifikation: Motivation

1

a Was denken Vorgesetzte über Mitarbeiter?
Wann gelten Sie als motiviert, wann als unmotiviert?
Lesen Sie und markieren Sie in zwei Farben.

Motivierte Mitarbeiter gehen bei Problemen auf den Vorgesetzten zu.

Wenn Mitarbeiter ständig mit den Kollegen quatschen, sind sie sehr unmotiviert.

Motivation bedeutet, auch mal Überstunden zu machen, wenn es nötig ist.

Ein motivierter Mitarbeiter sieht von alleine, was zu tun ist.

Wer in Teamsitzungen den Mund nicht aufmacht, wirkt unmotiviert.

Dienst nach Vorschrift, das ist null Motivation.

Wer nicht zu Betriebsversammlungen und -feiern kommt, ist nicht besonders motiviert.

Zur Motivation gehört, sich zu melden, wenn Aufgaben verteilt werden.

b Was würden Vorgesetzte in Ihrem Land sagen? Gibt es Unterschiede zu Deutschland? Welche?
Tauschen Sie sich aus.

2

a Sind Überstunden ideal, um Motivation zu zeigen? Wie ist Ihre persönliche Meinung? Diskutieren Sie.

- Mein Mann arbeitet immer bis 20 Uhr. Das ist nicht gut, aber er will den Job nicht verlieren.
- Ein- oder zweimal im Monat Überstunden sind okay, aber nicht jeden Tag.

b Verteilen Sie die Rollen und spielen Sie einen Dialog.

Vorgesetzte/r:
Sie brauchen Ihre/n Mitarbeiter/in am Wochenende für eine wichtige Aufgabe. Überzeugen Sie ihn davon, Überstunden zu machen.

Mitarbeiter/in:
Sie haben 80 Überstunden und sollen am Wochenende zusätzlich arbeiten. Das ist Ihnen zu viel. Sagen Sie das der/m Vorgesetzten. Zeigen Sie trotzdem Motivation.

Wörter und Wendungen: Bewerbungen

Stellenanzeigen lesen und verstehen

die Stellenanzeige, -n
die Tätigkeit, -en
die Berufs- / Stellenbezeichnung, -en
die Leistungen des Arbeitgebers
bieten Wir bieten Ihnen …
das Unternehmen, -
die Bezahlung (nur Sg.)
der Ansprechpartner, -
der Lohn, ̈e
die Gehaltsabrechnung, -en
der Arbeitsplatz, ̈e
die Vollzeit (nur Sg.) Ich arbeite Vollzeit.
die Festanstellung, -en
die Position, -en
die Verantwortung (nur Sg.)

eine Bewerbung schreiben

die Bewerbung, -en Bewerbung als …
das Anschreiben, -
der Betreff (nur Sg.)
die Anrede (nur Sg.)
die Anzeige, -n Sie suchen in Ihrer Anzeige …
die Bewerbungsunterlagen (nur Pl.)
sich bewerben um + Akk. Ich bewerbe mich
hiermit um die Stelle als …
arbeiten Ich habe … Jahre lang als … gearbeitet. Ich arbeite schnell und zuverlässig.
einfügen Ich kann mich sehr gut in ein Team
einfügen.
das Zeugnis, -se
das Vorstellungsgespräch, -e Über eine
Einladung zum Vorstellungsgespräch freue
ich mich sehr.

über den beruflichen Werdegang sprechen

der berufliche Werdegang (nur Sg.)
die Ausbildung,- en Ich habe eine Ausbildung
als … gemacht.
als … tätig sein Ich war zwei Jahre lang als
Schneiderin tätig.
selbstständig sein / arbeiten Ich habe zu Hause
selbstständig gearbeitet.
Nach der Schule / Dann / Anschließend /
Danach / Jetzt

im Vorstellungsgespräch Fragen verstehen

die Gehaltsvorstellung, -en
der Verdienst (nur Sg.)
verdienen Was verdienst du im Monat?
die Motivation, -en Was ist Ihre Motivation für
die Bewerbung?
das Gespräch, -e ins Gespräch kommen
die Zukunft (nur Sg.) Was sind Ihre Pläne für die
berufliche Zukunft?
die Stärke, -n
die Schwäche, -n Was sind Ihre Stärken, was sind
Ihre Schwächen?

Small Talk führen

der Small Talk (nur Sg.)
das Wetter (nur Sg.)
der Sport (nur Sg.)
der Verkehr (nur Sg.)
allgemein
direkt
persönlich

Markieren Sie Wörter und Wendungen, die Sie nicht verstehen. Wo stehen sie in der Lektion? Verstehen
Sie sie im Kontext? Wenn Sie Hilfe brauchen, fragen Sie Ihre Lernpartner oder Ihre Kursleitung.

Welche 7 Wörter möchten Sie sich merken? Wählen Sie aus und sammeln Sie zu jedem Wort Assoziationen.

Grammatik im Überblick

Vom Verb zum Nomen

· substantivierter Infinitiv	das Vorbereiten (vorbereiten), das Schreiben (schreiben)
· Nomen auf -ung	die Abrechnung (abrechnen), die Bewerbung (sich bewerben)
· Nomen auf -e	die Pflege (pflegen), die Kontrolle (kontrollieren)
· Nomen auf -ion	die Qualifikation (qualifizieren), die Organisation (organisieren)
· Nomen ohne Endung	die Zusammenarbeit (zusammenarbeiten), der Verkauf (verkaufen)

Satzbau

	Position 1	Position 2 (Verb 1)		Satzende (Verb 2)
Präsens	Ich	arbeite	schnell und zuverlässig.	
Perfekt	Im Juni 2013	habe	ich beim Friedhofsamt ein Praktikum	gemacht.
Modalverb	Dort	konnte	ich meine Kenntnisse	erweitern.

Das Verb steht auf Position 2. Hat das Verb zwei Teile, steht der konjugierte Teil (= Verb 1) auf Position 2, Partizip oder Infinitiv (Verb 2) am Satzende.
Das Subjekt steht auf Position 1 oder 3.
Auf Position 1 können auch Ergänzungen oder Angaben stehen.

Verben im Perfekt

	haben / sein		Partizip Perfekt
Ich	habe	eine Ausbildung	gemacht.
Wir	sind	1999 nach Deutschland	gezogen.
Inzwischen	sind	die Kinder groß	geworden.

Die meisten Verben bilden das Perfekt mit *haben*.
Verben, die einen Orts- oder Zustandswechsel bezeichnen, bilden das Perfekt mit *sein*:
sie ist angekommen, verreist, umgezogen … ; er ist alt / müde geworden, aufgewacht, geboren …

Verben im Präteritum

Infinitiv: sein			
Singular		**Plural**	
ich war		wir waren	
du warst	Sie waren (formell)	ihr wart	Sie waren (formell)
er / es / sie war		sie waren	

Infinitiv: haben			
Singular		**Plural**	
ich hatte		wir hatten	
du hattest	Sie hatten (formell)	ihr hattet	Sie hatten (formell)
er / es / sie hatte		sie hatten	

Rückblick: Lektion 2 und 3

1 **Was haben Sie in den Lektionen 2 und 3 gelernt?**
Was ist für Sie wichtig? Ergänzen Sie die Tabelle.

	Das habe ich im Unterricht gemacht! ✓	Das ist für mich wichtig! ✓	Das kann ich … 😊 sehr gut 😐 nicht so gut	Das sagt mein/e Kursleiter/in dazu. 😊 😐 😞
in Beratungsgesprächen Fragen stellen				
im Internet Stellenangebote finden				
Informationen zu einem Stellenangebot verstehen				
einen Lebenslauf schreiben				
im Gespräch Emotionen zeigen				
Stellenanzeigen lesen und verstehen				
eine Bewerbung schreiben				
über den beruflichen Werdegang sprechen				
im Vorstellungsgespräch Fragen verstehen				
Small Talk führen				

2 **Was möchten Sie noch üben und vertiefen? Was können Sie dafür tun? Holen Sie sich auch Tipps von Ihren Lernpartnern und der Kursleitung.**

Ich will: ....

....

Dafür kann ich: ....

....

3 **Was möchten Sie noch im Kurs machen? Warum? Sprechen Sie im Kurs, machen Sie eine Kursliste und planen Sie gemeinsam.**

● Für mich ist Small Talk manchmal wie flirten.
   Ich möchte gern den Unterschied verstehen.
○ Ich …

* Unterschied Small Talk
   und flirten
*

>> Manee Kantawong,
Köchin aus Thailand,
50 Jahre, seit 2 Jahren
in Deutschland

Frau Kantawong hat in Thailand 25 Jahre
lang eine Suppenküche geführt. In Deutschland
möchte Sie am liebsten in einem Restaurant
arbeiten. Da sie die Arbeit in einer deutschen
Restaurantküche aber nicht kennt, sucht sie
zunächst einen Platz für ein Praktikum.

4 | Ein Praktikum

1 a Wie sucht Frau Kantawong einen Praktikumsplatz? Ordnen Sie zu.

[ ] im Branchenbuch recherchieren und anrufen   [ ] Online-Stellenbörsen durchsuchen
[ ] Aushänge machen   [ ] persönliche Kontakte nutzen   [ ] sich direkt vorstellen

BRANCHE RESTAURANTS

~~Japanisches Restaurant Running Sushi,~~
Europaallee 13,   673542

~~ALFREDO Ristorante,~~
Händelstr. 2,   299167

The Gourmet Loft,
Johannisstr. 78,   37819

1

HOGAPAGE.DE
Die Jobbörse für Hotel & Gastronomie

2

Hallo Klaus, ich habe
deine Nummer von …

3

KUNDEN-SERVICE SUCHE

Suche Praktikum
als Köchin in Restaurant

Manee Kantawong,
NAME
Tel. 734562
TELEFON
4

RESTAURANT

5

b Welche Strategie finden Sie besonders gut? Welche haben Sie bereits ausprobiert?
Kennen Sie weitere? Diskutieren und sammeln Sie.

2 Womit war Frau Kantawong erfolgreich? Hören Sie und markieren Sie in 1a.
▶ 16

3 Welche Vorteile hat ein Praktikum für Sie? Welche für die Arbeitgeber? Sammeln Sie und
tauschen Sie sich aus.

> Herr Katsaros hat eine Zusage für einen Praktikumsplatz bekommen. Er ruft bei der Praktikumsstelle an, um zu besprechen, wann er genau anfangen soll.

A | Einen Termin vereinbaren

1

Welche Redemittel nutzen die Gesprächspartner?

▶ 17 **Hören Sie und kreuzen Sie an.**

1. [ ] Ich möchte gern einen Termin mit … vereinbaren.
   [ ] Es geht um einen Termin mit … am …
2. [ ] Können Sie um …?
   [ ] Wie wäre es um …?
3. [ ] Das ist schwierig, …
   [ ] Ja, das passt gut.
4. [ ] Prima, dann komme ich am … um …
   [ ] Gut, dann sehen wir uns am … um …

2

a Wozu können Sie die Redemittel nutzen? Ordnen Sie zu.

Könnten wir einen Termin vereinbaren? | Ja, das geht. | Wie sieht es bei Ihnen am … um … aus? |
Einverstanden. | Oh, das wird knapp, ich habe bis … | Ich möchte gerne absprechen, wann … |
Also, dann bis … um … | Ich kann am … um … Wie ist das bei Ihnen? | Tut mir leid, da habe ich … |
Schön, dann bis … | Ja, das ist möglich. | Das geht leider nicht.

1. das Anliegen formulieren	2. einen Termin vorschlagen	3. auf Terminvorschläge reagieren	4. die Absprache zusammenfassen

b Wählen Sie 3 Redemittel mit Auslassungspunkten (…) aus 2a und schreiben Sie Sätze.

Wie sieht es bei Ihnen am Montag um 15 Uhr aus?

3

Hören Sie eine Variante des Gesprächs von Herrn Katsaros. Wie endet es? Warum? Diskutieren Sie.

▶ 18

4

Wählen Sie eine Situation und spielen Sie Dialoge. Nutzen Sie Redemittel aus 1 und 2 und tauschen Sie die Rollen.

1. Sie haben einen Platz für ein Praktikum. Rufen Sie bei der Praktikumsstelle an und fragen Sie, wann Sie anfangen können.

2. Sie haben ein Praktikum gemacht und brauchen ein Zeugnis. Rufen Sie bei der Praktikumsstelle an und fragen Sie, wann Sie das Zeugnis abholen können.

3. Sie sind Küchenhilfe und haben Probleme mit Ihrem Vorgesetzten. Sie möchten sich beim Betriebsrat beraten lassen. Vereinbaren Sie einen Termin.

> Frau Kantawong hat einen Praktikumsplatz in einem Betriebsrestaurant. Dafür braucht sie eine Bescheinigung vom Gesundheitsamt. Deswegen ruft sie dort an.

B | Eine Wegbeschreibung verstehen

1

▶ 19

a Wozu muss Frau Kantawong ins Gesundheitsamt? Hören Sie und kreuzen Sie an.

[ ] zu einer Besichtigung der Kantine   [ ] zu einer Belehrung über Infektionsschutz

▶ 20

b Wie kommt Frau Kantawong zum Gesundheitsamt? Was ist richtig? Hören Sie und markieren Sie.

Sie fährt   bis zur Isabellastraße. | über den Markusplatz.
Sie geht   die Parkstraße entlang. | durch den Park.
Sie geht   in den dritten Stock des Landratsamts. | um die Markuskirche herum.

c Wo ist das Gesundheitsamt? Was stimmt nicht? Streichen Sie durch.

Das Gesundheitsamt ist …   auf der linken Straßenseite | im Landratsamt | in der Parkstraße | hinter der Haltestelle Isabellastraße | gegenüber der Markuskirche

2

a Wie gehen Sie? Wo ist das Gebäude? Zeichnen Sie passende Skizzen zu den Formulierungen und vergleichen Sie mit Ihrer Lernpartnerin / Ihrem Lernpartner.

bis zum Marktplatz | zwischen der Markuskirche und dem Finanzamt | die Marktstraße entlang | immer geradeaus bis zur Brücke | hinter dem Bahnhof | gegenüber dem Rathaus | über die Brücke | um das Theater herum | in der Mitte der Parkallee | über der Tiefgarage

Gehen Sie …
an der Kreuzung links in die Isabellastraße

Das Gebäude ist …
neben der Post

b Dativ, Akkusativ oder beides? Markieren Sie die Präpositionen in 2a mit drei verschiedenen Farben.

3

Wählen Sie einen Ort, der für Sie wichtig ist. Gehen Sie durch den Raum und fragen Sie die anderen, wie Sie vom Kurs dorthin kommen.

- ● Entschuldigung, können Sie / kannst du mir bitte sagen, wie ich zur Arbeitsagentur komme?
- ○ Von hier am besten mit dem Bus. Die Haltestelle …

Lokalangaben mit Präposition

Die Präposition bestimmt den Kasus. Einige Präpositionen stehen immer mit Dativ, andere mit Akkusativ. Wechselpräpositionen stehen mit Dativ *(Wo?)* oder Akkusativ *(Wohin?)*.

> Frau Kantawong macht ein Praktikum in einem Betriebsrestaurant. Dabei spricht sie mit verschiedenen Personen.

C | Duzen und siezen

1 Wie spricht man sich in Deutschland an? Wann sagt man *du*, wann *Sie*? Wie sind Ihre Erfahrungen, im Alltag und am Arbeitsplatz? Tauschen Sie sich aus.

2 **a** Duzt oder siezt Frau Kantawong ihre Gesprächspartner?
▶ 21 Hören Sie und kreuzen Sie an.

	Dialog 1	Dialog 2	Dialog 3	Dialog 4	Dialog 5
du					
Sie					

b Was denken Sie: Mit wem spricht Frau Kantawong? Hören Sie noch einmal,
▶ 21 kreuzen Sie an und diskutieren Sie. Es gibt mehrere Möglichkeiten.

Dialog 1: [ ] Kollege   [ ] Vorgesetzter   [ ] Auszubildender
Dialog 2: [ ] Kollegin   [ ] Vorgesetzte   [ ] Auszubildende
Dialog 3: [ ] Kollege   [ ] Vorgesetzter   [ ] Auszubildender
Dialog 4: [ ] Kollegin   [ ] Vorgesetzte   [ ] Auszubildende
Dialog 5: [ ] Kollegen   [ ] Auszubildende

> Es gibt Unternehmen, in denen sich alle **duzen** und andere, in denen man sich siezt. Oft **siezen** sich Vorgesetzte und Mitarbeiter und Kollegen duzen sich. Nur Minderjährige – Auszubildende und Praktikanten – werden oft geduzt, auch wenn sie siezen.

3 **a** Welches Personalpronomen passt? Ergänzen Sie die Dialoge.

euch | Ihnen | du | Sie | ihr | dir | Sie | dich

● Frau Mertens, ich muss etwas mit .... besprechen.
Hätten .... einen Augenblick Zeit?

○ Ja, gerne. Was kann ich denn für .... tun?

● Sarah, weißt .... wo Frau Mertens heute ist?

○ Nein, keine Ahnung. Ich kann .... aber gern anrufen,
wenn sie kommt. Soll ich?

● Au ja, das ist nett von .... Danke.

● Hallo Jan, hallo Bettina. Geht .... zur Poststelle?
Kann ich .... die Briefe hier mitgeben?

○ Ja, klar. Kein Problem.

> Personalpronomen
> | Nominativ | du | ihr | Sie |
> |---|---|---|---|
> | Akkusativ | dich | euch | Sie |
> | Dativ | dir | euch | Ihnen |

b Wählen Sie 2 Themen aus und spielen Sie Gespräche unter Kollegen. Variieren Sie die Anrede mit *du* oder *Sie*. Achten Sie auf den korrekten Gebrauch der Personalpronomen.

Wochenende | Mittagessen | ein neuer Kollege / eine neue Kollegin | Urlaub | …

- Hatten Sie ein schönes Wochenende?
- Hat dir das Mittagessen heute geschmeckt?
- …

4　**a** Wer ist in der Situation irritiert? Warum? Lesen Sie und diskutieren Sie.

Situation 1

Hallo, wie geht's dir?

Danke, gut. Aber Verzeihung, wir sind per Sie.

Chef　Mitarbeiter

Situation 2

Könnten Sie mir bitte helfen?

Was brauchst du denn?

Mitarbeiter　Chef

b Was kann der Mitarbeiter in den Situationen sagen? Verbinden Sie.

» Habe ich du gesagt? Entschuldigung, ich werde besser aufpassen.
» Entschuldigung, aber ich möchte lieber beim Sie bleiben.
» Entschuldigung, ich verwechsle manchmal du und Sie.
» Entschuldigung, aber sind wir per Du oder per Sie?
» Wenn Sie möchten, können wir uns auch gern duzen.

Situation 1
Situation 2

c Haben Sie bereits ähnliche Situationen erlebt? Was hat der/die Vorgesetzte gesagt? Was haben Sie gesagt? Tauschen Sie sich aus.

Wenn Sie neu im Unternehmen sind, warten Sie am besten ab, bis Ihnen Kollegen das Du anbieten. Vorgesetzte sollten Sie nie von sich aus duzen.

d Spielen Sie 2 Situationen nach und verwenden Sie Redemittel aus 4 b.

Herr Elber macht ein Praktikum in einem Copyshop. Für den Deutschkurs schreibt er einen Praktikumsbericht.

D | Einen Praktikumsbericht schreiben

1

a Was kann Herr Elber im Praktikumsbericht schreiben? Sammeln Sie Ideen.

Copyshop: Name und Adresse

Praktikumsbericht

neue wichtige Wörter

b Warum sollte Herr Elber die Informationen aufschreiben? Diskutieren Sie.

● Wenn er unbekannte Wörter aufschreibt, kann er sie später üben.

2

a Was passt wo? Ergänzen Sie die erste Seite des Praktikumsberichts.

Techniker / Hilfskraft | E. Berger | L. Elber |
Copyshop Farbenfroh | 13.5. bis 7.6.2014

PRAKTIKUMSBERICHT

Name: _____

Praktikumsbetrieb: _____
_____

Tätigkeit: _____
_____

Zeitraum: _____

Ansprechpartner/in: _____

b Was steht nicht in Herrn Elbers Tagesbericht zum 17.5.? Lesen Sie und kreuzen Sie an.

[ ] Wie seine Kollegen heißen.
[ ] Wörter, die er sich merken möchte.
[ ] Wann er Pause gemacht hat.
[ ] Was an diesem Tag besonders war.
[ ] Was er im Deutschkurs besprechen möchte.
[ ] Was er gemacht hat.

DOKUMENTATION

Tag: _17.5.2014_

Tätigkeiten:

Farbkopierer reparieren, Entfernen von Papierstau, Toner wechseln, mit Kunden telefonieren, Kunden bedienen

Besondere Situationen:

Kollegin hatte Geburtstag, wir haben Geld gesammelt (5€) für ein Geschenk, Kuchen!

Wortschatz / Redemittel:

beidseitig kopieren, die Tonerkartusche, „Da müssen wir den Kundendienst holen."

Das möchte ich im Unterricht besprechen:

1. ein Kunde wollte nicht mit mir sprechen → ich habe den Vorgesetzten geholt

2. Terminvereinbarung am Telefon, das war schwierig: noch mal üben!

---

3 a Wie beschreibt Herr Elber im Bericht, was er gemacht hat? Ordnen Sie zu.

1. Ich habe den Farbkopierer repariert.
2. Ich habe an drei Geräten den Toner gewechselt.
3. Ich habe mit einem Kunden telefoniert.
4. Ich habe Kunden bedient.
5. Ich habe Papierstau entfernt.

Toner wechseln
Kunden bedienen
Farbkopierer reparieren
Entfernen von Papierstau
mit Kunden telefonieren

b Bilden Sie Gruppen zu Berufen oder Branchen. Beschreiben Sie 5 Tätigkeiten wie für einen Praktikumsbericht. Die anderen Gruppen erraten Ihre Branche / Ihren Beruf.

> **Tätigkeiten beschreiben**
> Ergänzung + Infinitiv:
> Toner wechseln
> Infinitiv als Nomen + *von* +
> Ergänzung:
> Entfernen von Papierstau

4 Was könnte in Ihrem Praktikumsbericht stehen? Ergänzen Sie das Formular und geben Sie es an Ihre Lernpartnerin / Ihren Lernpartner weiter. Ist alles verständlich?

Tätigkeiten: _____

_____

Besondere Situationen: _____

Wortschatz / Redemittel: _____

_____

Das möchte ich im Unterricht besprechen: _____

_____

5 Haben Sie schon einmal einen Bericht über Ihre Arbeit geschrieben? Wann, wo und für wen? Welche Vorteile hatte der Bericht? Tauschen Sie sich aus.

E | Schriftliche Arbeitsanweisungen verstehen

1

a Wer hat die Texte geschrieben? Wer soll sie lesen? Aus welcher Branche sind sie?

Lesen Sie und notieren Sie Ideen.

Dokumentation der Reinigungskontrolle
Reinigungsbereich: Besprechungsraum mit Kaffeeküche

Datum	Unterschrift des Reinigenden	Unterschrift des Kontrollierenden	OK	Nicht OK	Bemerkungen, z. B. Mängel / Maßnahmen
2.12.	Lazic	Gebauer		x	Mülltrennung beachten, Fensterbänke täglich abwischen

1

AKTUELL:
Führerscheinüberprüfung!
An alle Kollegen, die den Fuhrpark nutzen. Die Führerscheine sind bis 01.11. bei Frau Frisch im Original vorzulegen. gez. eb

2

Liebe Alle,
am 20.11. bin ich 20 Jahre in der Firma. Das möchte ich um 10 Uhr im Raum 54 feiern! Also kommen Sie einfach vorbei und stoßen Sie mit mir an.

3

Liebe Kollegen,
wir haben den Schlüssel für unseren Schrank verloren. Könnten Sie bitte vorbeikommen und ihn aufbrechen? Gebäude E3, Raum 204.
Vielen Dank und viele Grüße
Evelin Krause

4

Bitte denken Sie an die Besprechung morgen: Kaffee, Butterbrezeln, ... Danke! DS

5

b Was sollen die Personen machen? Ordnen Sie die Stichworte den Texten zu.

Text ....: a. Kaffee kochen und zum Bäcker gehen

Text ....: b. Abfall richtig sortieren

Text ....: c. sich um das Problem einer Kollegin kümmern

Text ....: d. Führerschein mitbringen und zeigen

Text ....: e. kommen und feiern

c In welchem Text ist keine Arbeitsanweisung? Markieren Sie.

2

a Welche Form haben die Anweisungen? Lesen Sie und ordnen Sie zu.

Könnten Sie bitte von den Unterlagen 15 Kopien machen?

Fahrtenbuch immer direkt nach der Fahrt ausfüllen!

Die Handtücher in den Waschräumen sind täglich zu wechseln.

Sehen Sie sich bitte unseren Wasserhahn in der Küche an. Er tropft.

Infinitiv ohne Subjekt
sein + zu + Infinitiv
Imperativ (mit *bitte*)
höfliche Frage

b Welche Anweisungen sind höflich, welche weniger höflich? Diskutieren Sie.

3

Haben Sie Erfahrungen mit schriftlichen Arbeitsanweisungen? Gab es auch Probleme?

Warum? Wie haben Sie diese gelöst? Tauschen Sie sich aus.

Teamfähigkeit Eigeninitiative Pünktlichkeit
Zuverlässigkeit Freundlichkeit Motivation
Interkulturelle Kompetenz Konfliktfähigkeit
Lernbereitschaft Kundenorientierung Flexibilität

F | Schlüsselqualifikation: Zuverlässigkeit

1 **Wann ist eine Person für Sie zuverlässig bzw. unzuverlässig? Was macht sie (nicht)? Sammeln Sie.**

kommt pünktlich

(zuverlässig)

räumt nicht auf

(unzuverlässig)

2 **a Was bedeutet für die Kosmetikerin Frau Nagel Zuverlässigkeit? Lesen und markieren Sie.**

> Zuverlässigkeit bedeutet, dass sich andere auf dich verlassen können und du deine Aufgaben
> erfüllst. Die Chefin rechnet damit, dass du gewissenhaft bist, pünktlich zur Arbeit erscheinst und
> verantwortungsvoll mit den Kundinnen und Kunden umgehst.
> Im Grunde kann man da ganz viele Beispiele nennen. Zuverlässigkeit im Kosmetikerberuf bedeutet
> z.B., dass du alle nötigen Materialien am Arbeitsplatz hast, dass du Versprechen einhältst, die
> du Kundinnen gegeben hast, dass du wie versprochen auch tatsächlich die Vertretung für eine
> Kollegin übernimmst, dass du bei Reklamationen sofort eine Lösung suchst usw.

b Was denkt Frau Nagel? Lesen Sie noch einmal und kreuzen Sie an.

Eine zuverlässige Person …
[ ] macht das, was sie machen soll.
[ ] hat alles, was sie für die Arbeit braucht, zur Hand.
[ ] hält ihre Versprechen.

[ ] kommt pünktlich zur Arbeit.
[ ] unterhält sich mit den Kunden.
[ ] reagiert auf Reklamationen.

3 **a Wann ist eine Person in Ihrem Beruf oder in der Tätigkeit, die Sie ausüben möchten, zuverlässig?**
Bilden Sie Gruppen zu verschiedenen Branchen und sammeln Sie.

b Vergleichen Sie Ihre Ergebnisse. Welche Aspekte sind gleich? Gibt es Unterschiede zwischen den
Branchen? Gibt es Unterschiede zwischen Ländern? Diskutieren Sie.

4 **Lesen Sie die Situationen. Finden Sie die Kollegen / Kolleginnen unzuverlässig? Wie würden Sie reagieren?**
Tauschen Sie sich aus und spielen Sie Dialoge.

> **1.** Sie sollen um 10 Uhr
> Ihre Arbeit bei einem
> Kunden beginnen. Ihr
> Praktikant kommt erst
> um 10.15 Uhr zur Arbeit.

> **2.** Sie müssen Ihr Kind ab-
> holen. Ihre Kollegin ver-
> spricht, die Post abends mit-
> zunehmen. Am nächsten Tag
> liegt sie noch am selben Platz.

> **3.** Sie kommen aus dem
> Urlaub und sind allein am
> Arbeitsplatz. Kurzfristig ist eine
> Betriebsversammlung, aber
> niemand hat Sie informiert.

Wörter und Wendungen: Ein Praktikum

Strategien bei der Stellensuche
im Branchenbuch recherchieren
Online-Stellenbörsen durchsuchen
Aushänge machen
persönliche Kontakte nutzen
sich direkt vorstellen

einen Termin vereinbaren
das Praktikum, Praktika ein Praktikum machen
die Praktikumsstelle, -n
der Praktikumsplatz, ̈e
der Termin, -e einen Termin vorschlagen /
   absprechen / vereinbaren   Ich möchte
   gern einen Termin mit … vereinbaren.
das Anliegen, -
aussehen Wie sieht es bei Ihnen am … aus?
passen Das passt gut.
einverstanden sein Einverstanden.
gehen Das geht leider nicht.

eine Wegbeschreibung verstehen
das Gebäude, -
das Amt, ̈er das Landratsamt, das Gesundheitsamt, das Finanzamt
die Haltestelle, -n Die Post ist rechts neben
   der Haltestelle.
die Straßenseite, -n Das Kaufhaus befindet
   sich auf der linken Straßenseite.
entlang Gehen Sie immer die Straße entlang.
gegenüber Das Gebäude ist gegenüber der
   Bäckerei.
um … herum Du musst um die Kirche herum
   gehen.

duzen und siezen
das Duzen (nur Sg.)
sich duzen Die Kollegen duzen sich.
das Du anbieten
per Du sein
du sagen Mein Vorgesetzter sagt du zu mir.
das Siezen (nur Sg.)
sich siezen Externe Mitarbeiter siezen wir.
Sie sagen
beim Sie bleiben Ich möchte lieber beim Sie
   bleiben.

einen Praktikumsbericht schreiben
der Bericht, -e
der Praktikumsbericht, -e
der Praktikumsbetrieb, -e
die Tätigkeit, -en
der Zeitraum, ̈e
der Ansprechpartner, -
die Ansprechpartnerin, -nen

schriftliche Arbeitsanweisungen verstehen
die Arbeitsanweisung, -en
die Besprechung, -en
die Maßnahme, -n
der Mangel, ̈
sein … zu Die Quittungen über die Kosten sind
   vorzulegen.

Markieren Sie Wörter und Wendungen, die Sie nicht verstehen. Wo stehen sie in der Lektion? Verstehen
Sie sie im Kontext? Wenn Sie Hilfe brauchen, fragen Sie Ihre Lernpartner oder Ihre Kursleitung.

Welche 7 Wörter möchten Sie sich merken? Wählen Sie aus und zeichnen Sie ein Bild,
zu dem die Wörter passen. Gehen Sie durch den Raum und fragen Sie, wer welche Wörter
auf dem Bild erkennt. Wenn jemand ein Wort richtig nennt, schreiben Sie es zum Bild.

Grammatik im Überblick

Lokalangaben

Mit Adverbien
hier, dort, da, links, rechts, geradeaus

Mit Wechselpräpositionen

Wohin geht, stellt, legt, …?	Präposition + Akkusativ	in, an, auf, neben, über, unter,
Wo ist, steht, liegt, …?	Präposition + Dativ	vor, hinter, zwischen

Mit anderen Präpositionen

Präpositionen + Dativ	Präpositionen + Akkusativ
aus, bei, nach, von, zu, von … aus, bis zu, gegenüber, an … vorbei	um … herum, … entlang, gegen

Personalpronomen
Das Personalpronomen steht für (= pro) Personen und Nomen.

Nominativ	ich	du	er	es	sie	wir	ihr	sie	Sie
Akkusativ	mich	dich	ihn	es	sie	uns	euch	sie	Sie
Dativ	mir	dir	ihm	ihm	ihr	uns	euch	ihnen	Ihnen

Infinitiv: Tätigkeiten beschreiben

Ergänzung + Infinitiv
Toner wechseln, Kunden bedienen, Kollegen helfen, Patienten Medikamente geben, mit Kunden telefonieren, an Teamsitzung teilnehmen

Bei Verben mit Akkusativ- oder Dativergänzung steht vor dem Infinitiv die Ergänzung meist ohne Artikel. Bei Verben mit Präposition ist die Reihenfolge: Präposition – Ergänzung – Infinitiv.

Infinitiv als Nomen + von + Ergänzung
Entfernen von Papierstau, Verteilen von Speisekarten, Installieren von Programmen

Der Infinitiv kann auch als Nomen am Anfang stehen. Die Ergänzung folgt danach und wird oft mit *von* angeschlossen.

Szenario: Lektion 3 und 4

Lesen Sie die Situationsbeschreibung. Verteilen Sie die Rollen. Bereiten Sie die Aufgaben vor: Suchen Sie passenden Wortschatz und Redemittel. Ihre Kursleitung hilft Ihnen bei der Auswahl der Materialien und bei Fragen. Üben Sie die einzelnen Schritte und üben Sie dann das komplette Szenario.

Situation:

Eine Person sucht einen Arbeitsplatz und liest Stellenanzeigen. Sie tauscht sich dazu mit einer/m Angehörigen aus. Die Person ruft bei der Arbeitsstelle an und vereinbart ein Vorstellungsgespräch. Sie fragt die Sekretärin nach dem Weg. Im Vorstellungsgespräch stellt sie ihre eigene Berufsbiographie vor und beantwortet Fragen.

Material / Notizen (Kursleitung)

Schritt 1 Stellenanzeigen lesen und verstehen

→ verschiedene Stellenanzeigen

Person	**Angehörige/r**
· sucht eine Arbeitsstelle	· liest die Stellenanzeigen
· liest Stellenanzeigen	· kommentiert sie
· wählt interessante Stelle aus	· gibt Ratschläge

Schritt 2 einen Termin vereinbaren

→ Skizze Kalender mit mögl. Terminen der Firma

Person	**Sekretärin**
· ruft in der Firma an	· gibt der Person einen Termin für ein Vorstellungsgespräch
· vereinbart einen Termin für ein Vorstellungsgespräch	

Schritt 3 eine Wegbeschreibung verstehen

→ Stadtplan und / oder Plan öffentliche Verkehrsmittel

Person	**Sekretärin**
· fragt die Sekretärin nach dem Weg	· erklärt den Weg

Schritt 4 über den beruflichen Werdegang sprechen

Person	**Abteilungsleiter/in der Firma**
· spricht im Vorstellungsgespräch über den beruflichen Werdegang	· stellt im Vorstellungsgespräch Fragen zum beruflichen Werdegang

Schritt 5 im Vorstellungsgespräch Fragen verstehen

→ Liste mit typ. Fragen von Arbeitgebern in Vorstellungsgesprächen

Person	**Abteilungsleiter/in der Firma**
· beantwortet im Vorstellungsgespräch Fragen	· stellt im Vorstellungsgespräch typische Fragen

>> Lidija Jankovic, Verkäuferin aus Kroatien, 26 Jahre, seit 1 Jahr in Deutschland

Frau Jankovic hat in Kroatien Modedesign studiert und war Verkäuferin in einer Modeboutique. In Deutschland hat sie in der Branche bisher keine Arbeit gefunden, weil ihr Deutsch dafür noch nicht ausreicht. Jetzt sucht sie eine Arbeit als Verkäuferin in einem anderen Bereich und möchte nebenher einen Deutschkurs auf dem Niveau B2 machen.

5 | Neu im Unternehmen

1 Wo kann Frau Jankovic als Verkäuferin arbeiten? Sammeln Sie.

in einem Möbelhaus

Verkäuferin

in einer Bäckerei

2 **a** Wählen Sie einen Ort aus. Welche Deutschkenntnisse braucht man dort als Verkäuferin?
Machen Sie Notizen.

MÖBELHAUS:
viele Wörter für Möbel
sehr gut sprechen für Beratung
Kunden gut verstehen
Formulare ausfüllen

SUPERMARKT:
gut hören
Lesen und Grammatik nicht so wichtig
...

b Berichten Sie im Kurs und diskutieren Sie.

● Als Verkäuferin im Supermarkt muss man sehr gut sprechen.
○ Das finde ich nicht. An der Kasse muss man immer nur das Gleiche sagen.

3 **a** Wo möchten Sie arbeiten? Wie gut muss man dort Deutsch können? Berichten Sie.

b Welche Kenntnisse haben Sie für die Tätigkeiten schon? Was möchten Sie im Kurs
oder später noch lernen? Tauschen Sie sich aus.

Frau Jankovic hat ihren ersten Arbeitstag in einem Supermarkt. Der Filialleiter Herr Özulas zeigt ihr die Räume und weist sie in ihre Aufgaben ein.

A | Einer allgemeinen Einweisung folgen

1

a Was denken Sie: Welche Themen spricht Herr Özulas an? Diskutieren Sie und kreuzen Sie an.

[ ] Pausenzeiten
[ ] Dienstplan
[ ] Urlaub
[ ] Abrechnung der Kasse
[ ] Tauschen von Schichten
[ ] Gehalt
[ ] Ansprechpartner

▶ 22 **b Hören Sie und vergleichen Sie mit Ihren Vermutungen.**

▶ 22 **c Lesen Sie die Notizen von Frau Jankovic. Was hat sie falsch aufgeschrieben? Hören Sie noch einmal, markieren und korrigieren Sie.**

> Nr. 5 mein Schließfach
> Dienstplan gilt immer für 2 Wochen
> Dienstplan jeden Tag angucken (Änderungen!)
> Schicht tauschen okay, wenn Kollege kann — Özulas vorher fragen
> Kasse abrechnen mit Schichtleitung bis 20:30 Uhr
> bei Problemen immer Frau Meier fragen

2

a Welche Informationen fehlen Frau Jankovic für den ersten Arbeitstag noch? Was könnte Sie die Kollegen oder Herrn Özulas fragen? Sammeln Sie.

Wann sind die Pausen? Wo kann ich rauchen? ...

b Suchen Sie jemanden, der in derselben Branche wie Sie arbeiten möchte. Welche Informationen brauchen Sie am ersten Arbeitstag? Machen Sie Notizen.

Herr Costa spricht am ersten Arbeitstag mit seinem neuen Kollegen.

↑ Herr Costa (A)   Kollege (B) ↗

B | Die Sprecherrolle übernehmen und abgeben

1

▶ 23

a Was denken die Personen? Hören Sie und ordnen Sie zu.

Warum sagt er nichts?
Sagt er noch etwas?

Er unterbricht mich ständig.
Was soll das denn?

b Was ist das Problem? Kreuzen Sie an.

Die beiden haben Probleme mit
[ ] dem Blickkontakt   [ ] der Lautstärke   [ ] den Pausen im Gespräch.

c Was ist für welche Person normal? Ergänzen Sie.

Sprecherwechsel mit Pausen: Person ....   Paralleles Sprechen: Person ....

▶ 24   **d Hören Sie ein ähnliches Gespräch unter deutschen Kollegen. Wie funktioniert der Sprecherwechsel hier?**

e Kennen Sie ähnliche Probleme beim Sprecherwechsel wie in 1a? In welchen Situationen? Tauschen Sie sich aus.

2

a Gibt es in Ihrem Kurs Personen, die dieselbe Sprache sprechen? Führen Sie ein ähnliches Gespräch wie in 1a in Ihrer Sprache. Die anderen hören zu und beobachten.

Wie organisieren die Personen den Sprecherwechsel?
Sprechen die Personen oft gleichzeitig? Unterbrechen Sie sich?
Machen sie Pausen? Wie finden Sie die Pausen?

> **Paralleles Sprechen** ist in Deutschland in vielen Situationen unhöflich. Lassen Sie Ihre Gesprächspartner, v. a. Vorgesetzte besser ausreden.

3

a Wen sollte man in Deutschland möglichst nicht unterbrechen? Kreuzen Sie an.

[ ] Kunden   [ ] Freunde   [ ] Kinder   [ ] Vorgesetzte   [ ] Kollegen   [ ] Lehrer

b Was können Sie sagen, wenn Sie Kunden oder Vorgesetzte dringend unterbrechen müssen? Markieren Sie.

Entschuldigung, darf ich Sie kurz unterbrechen? | Moment mal! | Jetzt bin ich aber mal dran. |
Ja klar, aber … | Lass mich bitte auch mal etwas sagen! | Entschuldigung, dazu möchte ich etwas sagen. |
Entschuldigen Sie, wenn ich Sie unterbreche, aber … | Ich unterbreche Sie ungern, aber …

Herr Nweke hat heute seinen ersten Arbeitstag in einer neuen Firma. Er trifft verschiedene Personen und stellt sich ihnen vor.

C | Sich an einem neuen Arbeitsplatz vorstellen

1

▶ 25

a Wo finden die Gespräche statt? Hören und ergänzen Sie.

Situation .... : auf dem Weg in die Kantine
Situation .... : am Telefon
Situation .... : in einem Büro
Situation .1....... : an der Pforte
Situation .... : in der Kaffeeküche

▶ 25 **b** Wie stellt sich Herr Nweke vor? Hören Sie noch einmal und verbinden Sie.

1. Guten Morgen. Ich heiße Claude Nweke.	a. Guten Tag.
2. Claude Nweke.	b. Freut mich, euch kennen zu lernen.
3. Hallo, ich bin Claude Nweke.	c. der neue Mitarbeiter.
4. Ich bin Claude.	d. Ich soll heute hier anfangen zu arbeiten.
5. Guten Tag, ich bin Claude Nweke,	e. Ich bin neu und heute ist mein erster Tag hier.

c Welche Vorstellungen sind sehr formell? Welche sind eher informell oder privat? Woran erkennen Sie das? Markieren und diskutieren Sie.

2

a Welche Fragen kommen in den Gesprächen vor? Kreuzen Sie an.

[ ] Wie war noch mal Ihr Name?
[ ] Arbeiten Sie auch hier in der Abteilung?
[ ] Wie geht es Ihnen?
[ ] Bist du neu hier?
[ ] Woher kommen Sie?

[ ] In welcher Abteilung seid ihr?
[ ] Wo haben Sie bisher gearbeitet?
[ ] Wie alt sind Sie?
[ ] Wofür sind Sie zuständig?
[ ] Sind Sie verheiratet?

b Was kann man am Arbeitsplatz bei der Vorstellung fragen? Welche Fragen sind üblich? Welche zu privat? Diskutieren Sie und sammeln Sie weitere Beispiele.

3 Welche Form von *sein* passt? Ergänzen Sie die Sätze.

1. Ich .bin.......... Claude Nweke.

2. Das .... Claude. Er .... neu bei uns.

3. In welcher Abteilung .... ihr? Wir .... beide im Lager.

4. Sie .... der neue Mitarbeiter, nicht wahr?

4 **a In welchen Situationen müssen Sie sich vielleicht am Arbeitsplatz vorstellen? Tauschen Sie sich aus.**

- Ich muss mich den Patienten vorstellen, wenn ich sie zum ersten Mal sehe.
○ Wenn ich zum ersten Mal in den Pausenraum komme.

b Wählen Sie eine Situation aus. Machen Sie Notizen und spielen Sie einen kurzen Dialog.

» Ich heiße / bin …
» Ich bin neu hier. Heute ist mein erster Tag hier.
» Ich bin die neue Mitarbeiterin / der neue Mitarbeiter. Ich fange heute hier / im Team von … /
   im Lager / … an.
» Angenehm. Freut mich. Freut mich, Sie / dich / euch kennen zu lernen.

5 **a Welche Endungen haben die Verben? Lesen Sie den Dialog und ergänzen Sie.**

Herr Barth:	Guten Morgen, Herr Kilian. Darf ich Ihnen unseren neuen Mitarbeiter Claude Nweke vorstellen. Er arbeit........ ab heute bei uns im Team.
Herr Kilian:	Schön, herzlich willkommen. Komm........ Sie aus Afrika?
Herr Nweke:	Ja, aus Nigeria. Aber ich leb........ schon über 10 Jahre in Deutschland.
Herr Kilian:	Dann kenn........ Sie sich ja aus. Einen guten Einstieg.
Herr Nweke:	Danke.
Herr Barth:	Gut, dann geh........ wir weiter … Hallo Fritz. Kenn........ du unseren neuen Kollegen Herrn Nweke schon?
Herr Oster:	Nein, guten Tag. Ich bin Fritz Oster, der Hausmeister.
Herr Nweke:	Freut mich. Ich heiß........ Claude Nweke und fang........ heute hier an.
Herr Oster:	Sehr schön, die Kollegen freu........ sich bestimmt über die Unterstützung.
Herr Nweke:	Ja, hoffentlich.

b Ergänzen Sie die Tabelle für das Verb *kennen*.

Singular			Plural		
ich	....		wir	....	
du	....	Sie .... (formell)	ihr	*kennt*..........	Sie ..*kennen*.. (formell)
er / es / sie	....		sie	....	

c Kombinieren Sie die Personalpronomen mit den Verben. Bilden Sie so viele Sätze wie möglich.

ich | du | er | sie | arbeitet | kommen | lebe | kennen sich … aus |
wir | ihr | sie | Sie   gehen | kennst | bin | heiße | fange … an | freuen sich

Sie arbeitet im Lager. Arbeitet ihr …?

d Beschreiben Sie Personen aus Ihrem Kurs. Die anderen raten, wen Sie meinen.

- Sie trägt einen blauen Pullover.   • Sie kommen aus Griechenland.
○ Das ist Samira.   ○ Das sind Jorgos und Vicky.

> Frau Jankovic hat für ihre neue Stelle einen Arbeitsvertrag bekommen. Sie hat einige Fragen und sucht die Antworten im Vertrag.

D | Einen Arbeitsvertrag lesen

1 **Bei welchen Überschriften findet Frau Jankovic eine Antwort? Ordnen Sie zu.**

Arbeitszeit | Krankheit | Kündigung | Probezeit | Arbeitsvergütung | Urlaub | Tätigkeit

1. Wie lange muss ich arbeiten?

2. Wie viele Urlaubstage habe ich?

3. Was ist, wenn ich krank bin?

4. Was muss ich genau machen?

5. Wie lange dauert die Probezeit?

6. Wie viel verdiene ich?

7. Wie schnell kann ich kündigen?

2 **a Lesen Sie den Arbeitsvertrag und ergänzen Sie die Überschriften aus 1.**

Arbeitsvertrag

Zwischen der SUPER GmbH – nachfolgend „Arbeitgeber" genannt –
und Frau Lidija Jankovic – nachfolgend „Arbeitnehmerin" genannt –
wird folgender Arbeitsvertrag geschlossen:

§ 1 Beginn des Arbeitsverhältnisses
Das Arbeitsverhältnis beginnt am 01.02.2014.

§ 2 ....
Das Arbeitsverhältnis wird auf unbestimmte Zeit geschlossen. Die ersten drei Monate gelten als Probezeit. Während der Probezeit kann das Arbeitsverhältnis beiderseits mit einer Frist von zwei Wochen gekündigt werden.

§ 3 ....
Die Arbeitnehmerin wird als Verkäuferin eingestellt und vor allem mit folgenden Arbeiten beschäftigt: Warenannahme, Auffüllen der Regale, Kassiertätigkeiten, Bedienen und Beraten der Kunden, Aushilfe an der Wurst- oder Käsetheke.
Sie verpflichtet sich, auch andere Arbeiten auszuführen – auch an einem anderen Ort –, die ihren Vorkenntnissen und Fähigkeiten entsprechen.

§ 4 ....
Die Arbeitnehmerin erhält eine monatliche Bruttovergütung von 1400 €.

§ 5 ....
Die regelmäßige wöchentliche Arbeitszeit beträgt zurzeit 37,5 Stunden.
Beginn und Ende der täglichen Arbeitszeit richten sich nach der betrieblichen Einteilung.

§ 6 ....
Die Arbeitnehmerin hat Anspruch auf einen Urlaub von 36 Werktagen im Kalenderjahr.

Die Arbeitszeit ist in Deutschland normalerweise zwischen 35 und 40 Stunden pro Woche (Vollzeit). Bei einer 5-Tage-Woche bekommen die Arbeitnehmer mindestens 20 Tage Urlaub im Jahr. Viele Arbeitgeber geben aber mehr Urlaubstage.

§ 7 ....

Eine Arbeitsverhinderung ist dem Arbeitgeber unverzüglich mitzuteilen. Spätestens am 4. Kalendertag hat die Arbeitnehmerin eine ärztliche Bescheinigung vorzulegen. Der Arbeitgeber ist berechtigt, die Vorlage der Arbeitsunfähigkeitsbescheinigung früher zu verlangen.

§ 8 Verschwiegenheitspflicht

Die Arbeitnehmerin verpflichtet sich, während der Dauer des Arbeitsverhältnisses und auch nach dem Ausscheiden, über alle Betriebs- und Geschäftsgeheimnisse Stillschweigen zu bewahren.

§ 9 Nebentätigkeit

Jede Nebenbeschäftigung ist nur mit Zustimmung des Arbeitgebers zulässig.

§ 10 ....

Nach Ablauf der Probezeit beträgt die Kündigungsfrist vier Wochen zum Ende eines Kalendermonats. Die Kündigung bedarf der Schriftform.

b Lesen Sie noch einmal und beantworten Sie die Fragen von Frau Jankovic aus 1.

c Was steht im Vertrag? Kreuzen Sie an.

Frau Jankovic ...
1. [ ] kann höchstens 2 Jahre bei SUPER arbeiten.   [ ] hat einen unbefristeten Vertrag.
2. muss [ ] nie   [ ] wenn nötig,   andere Aufgaben übernehmen, als im Vertrag stehen.
3. darf über Informationen über SUPER   [ ] mit niemandem   [ ] nur mit ihrer Familie   sprechen.
4. [ ] darf keinen Nebenjob haben.   [ ] muss SUPER fragen, wenn sie einen Nebenjob haben möchte.
5. [ ] muss auf jeden Fall schriftlich kündigen.   [ ] kann schriftlich oder mündlich kündigen.

3

a Suchen Sie im Vertrag zusammengesetzte Nomen, die mit *Arbeit*- beginnen.

Arbeitsvertrag, Arbeitgeber, ...

b Was bedeuten die Wörter? Schlagen Sie im Wörterbuch nach oder klären Sie im Kurs.

c Kennen Sie zusammengesetzte Nomen, die mit *-arbeit* enden? Sammeln Sie.

d Im Arbeitsvertrag stehen auch zusammengesetzte Nomen ohne *Arbeit*.
Welche verstehen Sie? Markieren und erklären Sie.

die Arbeits<u>zeit</u>
= die Arbeit + <u>die</u> Zeit
Zeit, in der man arbeitet

die Zeit<u>arbeit</u>
= die Zeit + <u>die</u> Arbeit
Arbeit, die man für eine
bestimmte Zeit macht

die Käse<u>theke</u>
= der Käse + <u>die</u> Theke
die Theke, an der man
Käse kaufen kann

4

a Bringen Sie Arbeitsverträge mit (aus dem Internet oder von Ihnen selbst).
Vergleichen Sie mit dem Muster in 2. Was ist gleich? Was ist anders?

b Wen können Sie fragen, wenn Sie Ihren Arbeitsvertrag nicht verstehen oder Fragen haben?
Was würden Sie im Unternehmen klären, was außerhalb? Diskutieren Sie.

Personalabteilung | Polizei | Vorgesetzte | Betriebsrat | Gewerkschaft | Rechtsanwälte | Freunde

E | Einen Personalfragebogen ausfüllen

Sie fangen in einem Unternehmen an, müssen einen Personalfragebogen ausfüllen und verschiedene Unterlagen abgeben.

1 Welche Informationen braucht ein Arbeitgeber, wenn er Sie einstellt? Sammeln Sie.

Adresse, Lohnsteuerklasse, ...

2 **a** Vergleichen Sie Ihre Ideen mit dem Ausschnitt aus einem Personalfragebogen. Wo können Sie die Informationen aus 1 eintragen? Wofür gibt es keinen Platz?

b Füllen Sie die Punkte 1.–5. des Formulars aus.

Personalfragebogen

1. Persönliche Angaben

Familienname	Vorname		Geburtsname	Geburtsort, -land
....	....		....	....

Geburtsdatum	Geschlecht	Staatsangehörigkeit	Familienstand
....	☐ weiblich ☐ männlich	....	☐ verheiratet ☐ nicht verheiratet

Kinder (Familienname, Vorname, Geburtsdatum) ....

In Notfällen bitte verständigen (Name, Telefonnummer) ....

2. Status zu Beginn der Beschäftigung
☐ Bezieher/in Arbeitslosengeld   ☐ Arbeitnehmer/in   ☐ Selbstständige/r   ☐ Sonstiges

3. Bankverbindung
Name des Bankinstituts	Bankleitzahl	Kontonummer
....	....	....

4. Daten zur Sozialversicherung
Name der Krankenkasse, Ort   Sozialversicherungsnummer

....

5. Angaben zum Arbeitsverhältnis
Üben Sie im laufenden Jahr weitere Beschäftigungen aus?   ☐ ja   ☐ nein

Wenn ja, Art der Beschäftigung:

☐ geringfügig entlohnt   ☐ sozialversicherungspflichtig   ☐ Sonstiges (z. B. Honorarbasis)

Waren Sie schon einmal für uns tätig?   ☐ ja   ☐ nein   ☐ wann: ....

6. Angaben zu den Arbeitspapieren (vom Arbeitgeber auszufüllen)

Sozialversicherungsausweis	☐ liegt vor	Vertrag Vermögenswirksame Leistungen	☐ liegt vor
Bescheinigung Krankenkasse	☐ liegt vor	Vertrag Betriebliche Altersvorsorge	☐ liegt vor

3 Welche der Unterlagen unter 6. haben Sie bereits? Kreuzen Sie an.

4 Wie finden Sie die Fragen des Arbeitgebers? Normal, zu persönlich? Wozu möchte er die Informationen haben? Diskutieren Sie.

> Teamfähigkeit Eigeninitiative Pünktlichkeit Zuverlässigkeit
> Freundlichkeit Motivation Interkulturelle
> Kompetenz Konfliktfähigkeit Lernbereitschaft
> Kundenorientierung Flexibilität

F | Schlüsselqualifikation: Interkulturelle Kompetenz

1

a Warum sind die Personen irritiert? Lesen Sie die Situationen und sammeln Sie.

Frau L. gibt einem neuen deutschen Kollegen nicht die Hand. Der Kollege spricht daraufhin lange nicht mit Frau L. und ignoriert sie. Frau L. denkt jetzt, der Kollege kann sie nicht leiden.

Herr K. geht während einer Teambesprechung an sein Handy und telefoniert mit seiner Tochter. Sein Kollege ist sauer und sagt sehr laut, er soll auflegen. Herr K. legt erschrocken auf.

Herr B. entdeckt, dass sein Chef einen Fehler gemacht hat. Er sagt aber nichts. Als der Chef das merkt, ist er sauer. Er findet, Herr B. ist nicht kooperativ. Herr B. kann das nicht verstehen.

b Verhalten sich die Personen interkulturell kompetent? Was könnten Sie anders machen? Diskutieren Sie.

2 Worauf achtet die Stadt München, wenn sie neue Mitarbeiter sucht? Lesen Sie und kreuzen Sie an.

Die Landeshauptstadt München achtet bei der Auswahl von Mitarbeitern auf interkulturelle Kompetenz. Bei vielen städtischen Aufgaben ist interkulturelle Kompetenz wichtig, zum Beispiel im Kundenkontakt.

Auswahl der Kriterien für interkulturelle Kompetenz bei der Stadt München:

Wissen – Wissen über Migration, kulturelle Unterschiede kennen.

Fertigkeiten – kulturelle, soziale und individuelle Unterschiede differenzieren, Widersprüche aushalten, mit eigenen Vorurteilen kritisch umgehen.

Einstellungen – bereit sein zum Perspektivenwechsel, kulturelle Unterschiede akzeptieren, sie weder verneinen noch vergrößern.

Stelle für interkulturelle Arbeit der Landeshauptstadt München

[ ] Die Bewerber sollen aus einer anderen Kultur kommen.

[ ] Die Bewerber sollen wissen, dass es kulturelle Unterschiede gibt.

[ ] Die Bewerber sollen darüber nachdenken, dass Unterschiede nicht nur von der Kultur abhängig sind.

[ ] Die Bewerber sollen kulturelle Unterschiede ignorieren.

3 Wie kann man interkulturelle Missverständnisse ansprechen? Sammeln Sie weitere Redemittel.

» Ich habe den Eindruck, dass Sie sich über mich ärgern. Habe ich vielleicht etwas falsch gemacht?

» Wissen Sie, in meinem Herkunftsland macht man das nicht so. Das wirkt bei uns unhöflich.

4 Wie sind Ihre Erfahrungen? Lesen Sie die Fragen und tauschen Sie sich aus.

Haben Sie schon interkulturelle Missverständnisse am Arbeitsplatz erlebt?
Wenn nicht, in anderen Situationen? Wie haben Sie reagiert? Konnten Sie das Problem lösen?
Können Sie den anderen Tipps geben?

Wörter und Wendungen: Neu im Unternehmen

einer allgemeinen Einweisung folgen
einweisen in die Arbeit / die Aufgaben
  einweisen
einarbeiten Sie werden von den Kollegen
  eingearbeitet.
der Dienstplan, ⸚e
der Pausenraum, ⸚e
der Arbeitsbereich, -e
das Schließfach, ⸚er
die Schicht, -en eine Schicht tauschen
die Schichtleitung, -en
die Frühschicht, -en
die Spätschicht, -en

die Sprecherrolle übernehmen und abgeben
unterbrechen Entschuldigen Sie, wenn ich Sie
  unterbreche, aber … Ich unterbreche Sie
  ungern, aber …

sich an einem neuen Arbeitsplatz vorstellen
die Firma, Firmen
(sich) vorstellen Darf ich Ihnen Herrn Nweke
  vorstellen?
die Abteilung, -en In welcher Abteilung arbeiten
  Sie? Arbeiten Sie auch in der Abteilung?
zuständig sein für + Akk. Wofür sind Sie
  zuständig?
neu sein Sind Sie neu hier? Ich bin neu hier.
der Mitarbeiter, - Ich bin der neue Mitarbeiter.
die Mitarbeiterin, -nen
der Einstieg, -e Einen guten Einstieg.
sich freuen Freut mich, Sie kennen zu lernen.
angenehm Angenehm.

einen Arbeitsvertrag lesen
der Arbeitsvertrag, ⸚e einen Arbeitsvertrag
  unterschreiben / kündigen
der Arbeitgeber, -
die Arbeitgeberin, -nen
der Arbeitnehmer, -
die Arbeitnehmerin, -nen
das Arbeitsverhältnis, -se
die Arbeitszeit (nur Sg.)
die Probezeit (nur Sg.)
die Vergütung (nur Sg.)
die Frist, -en mit einer Frist von 6 Wochen /
  Monaten
der Anspruch, ⸚e Anspruch haben auf …
befristet
unbefristet
die Kündigung, -en
die Kündigungsfrist, -en
die Bescheinigung, -en
die Arbeitsunfähigkeitsbescheinigung, -en

einen Personalfragebogen ausfüllen
die Angabe, -n
die Beschäftigung, -en
die Bankverbindung, -en
die Sozialversicherung, -en
die Sozialversicherungsnummer, -n
der Sozialversicherungsausweis, -e
die Lohnsteuerklasse, -n
geringfügig entlohnt
sozialversicherungspflichtig
das Honorar, -e auf Honorarbasis

Markieren Sie Wörter und Wendungen, die Sie nicht verstehen. Wo stehen sie in der Lektion? Verstehen Sie sie im Kontext? Wenn Sie Hilfe brauchen, fragen Sie Ihre Lernpartner oder Ihre Kursleitung.

Welche 7 Wörter möchten Sie sich merken? Schreiben Sie einen humorvollen Text, in dem sie alle vorkommen. Lesen Sie den Text Ihrer Lernpartnerin / Ihrem Lernpartner vor. Hat sie / er alles verstanden?

Heute ist mein erster Arbeitstag. Ich bin zuständig für die Obstabteilung.

Grammatik im Überblick

Verben im Präsens

Infinitiv: machen			
Singular		**Plural**	
ich mache		wir machen	
du machst	Sie machen (formell)	ihr macht	Sie machen (formell)
er/es/sie macht		sie machen	

Das Subjekt bestimmt die Endung: ich habe, sie macht

Besonderheiten:

Infinitiv: sein			
Singular		**Plural**	
ich **bin**		wir **sind**	
du **bist**	Sie **sind** (formell)	ihr **seid**	Sie **sind** (formell)
er/es/sie **ist**		sie **sind**	

	arbeiten	**lesen**	**haben**
ich	arbeite	lese	habe
Sie (formell)	arbeiten	lesen	haben
du	arbeitest	liest	**hast**
er/es/sie	arbeitet	liest	**hat**
wir	arbeiten	lesen	haben
Sie (formell)	arbeiten	lesen	haben
ihr	arbeitet	lest	habt
sie	arbeiten	lesen	haben

auch: reden – redest, fahren – fährst,
rechnen – rechnest, sprechen –sprichst
finden – findest laufen – läufst

Sie oder sie?

Frau Castro, komm**en Sie** mit in die Kantine?	Sabine ruft, **sie** kommt auch mit.
Herr Nweke und Frau Castro, komm**en Sie** mit?	Die Kollegen arbeiten, **sie** komm**en** nicht mit.

Zusammengesetzte Nomen

	Teil 1	Teil 2 (Grundwort)

die Käse**theke** = der Käse + **die** Theke
die Käse**theke** = der Käse + **die Theke** = **eine Theke**, an der es Käse gibt (keine Wurst!)

Das Grundwort bestimmt den Artikel und die Grundbedeutung.

der Arbeit**s**vertrag = die Arbeit + **s** + der Vertrag = ein Vertrag für eine Arbeit

Manchmal steht zwischen Teil 1 und Teil 2 -s oder -e.
Arbeitsvertrag, Arbeitszeit, aber: Arbeitgeber, Arbeitnehmer

Rückblick: Lektion 4 und 5

1 **Was haben Sie in den Lektionen 4 und 5 gelernt?**
Was ist für Sie wichtig? Ergänzen Sie die Tabelle.

	Das habe ich im Unterricht gemacht! ✔	Das ist für mich wichtig! ✔	Das kann ich … ☺ sehr gut ☺ gut ☹ nicht so gut	Das sagt mein/e Kursleiter/in dazu. ☺ ☺ ☹
einen Termin vereinbaren				
eine Wegbeschreibung verstehen				
duzen und siezen				
einen Praktikumsbericht schreiben				
schriftliche Arbeitsanweisungen verstehen				
einer allgemeinen Einweisung folgen				
die Sprecherrolle übernehmen und abgeben				
sich an einem neuen Arbeitsplatz vorstellen				
einen Arbeitsvertrag lesen				
einen Personalfragebogen ausfüllen				

2 **Was möchten Sie noch üben und vertiefen? Was können Sie dafür tun?**
Holen Sie sich auch Tipps von Ihren Lernpartnern und der Kursleitung.

Ich will: ....

....

Dafür kann ich: ....

....

3 **Was möchten Sie noch im Kurs machen? Warum? Sprechen Sie im Kurs,**
machen Sie eine Kursliste und planen Sie gemeinsam.

● Ich würde gerne noch üben, wie man einen
Termin absagt. Das finde ich auch wichtig.
○ Ich …

* Termine absagen
*

>> Abdul Karimi, Goldschmied aus dem Irak,
28 Jahre, seit 2 Jahren in Deutschland

Abdul Karimi ist vor 5 Jahren aus dem Irak
geflüchtet. Er war 3 Jahre unterwegs und ist
seit 2 Jahren in Deutschland. Hier hat er einen
Integrationskurs besucht und arbeitet jetzt im
Lager eines Papiergroßhandels. Dort möchte er
sich weiterentwickeln.

6 | Betriebliche Informationen

1

a Was denken Sie: Was gefällt Herrn Karimi an seiner neuen Arbeit, was nicht? Diskutieren Sie.

▷ 26 b Hören Sie ein Gespräch von Herrn Karimi und vergleichen Sie mit Ihren Vermutungen.

2

Wie möchte sich Herr Karimi weiterentwickeln? Hören Sie und kreuzen Sie an.

▷ 27

Er möchte

[ ] eine Ausbildung   [ ] den Gabelstaplerführerschein   [ ] einen Computerkurs   machen.

3

a Zu welchen Berufen oder Arbeitsplätzen passen die Fortbildungen? Diskutieren Sie.

1. Fachlehrgang Farb- und Strähnentechnik
2. Training Kommunikation im Verkauf
3. Kurs Elektro-Fachkraft nach BGVA 3
4. Weiterbildung Europäischer Computerführerschein
5. Lehrgang Kundenberater/in im Gartenbau
6. Keine Angst vor der Hygienekontrolle – Seminar
7. Fernlehrgang Fachkraft in der häuslichen Pflege
8. Kurs SAP Grundwissen Buchhaltung

● Ich glaube, Nummer 1 ist eine Fortbildung für Friseurinnen.
○ Stimmt, die machen Strähnen in die Haare.

b Was für eine Fortbildung ist für Sie interessant? Warum? Tauschen Sie sich aus.

Die Mitarbeiter einer Produktions-
abteilung nehmen an einer Unter-
weisung zum Thema Arbeitsschutz
und Sicherheit teil. Frau Neumaier
erklärt, was sie beachten müssen.

A | Eine Sicherheitsunterweisung verstehen

1
▶ 28
a Über welche Themen spricht Frau Neumaier? Hören Sie die Ausschnitte aus einer Sicherheitsunterweisung und kreuzen Sie an.

[ ] Verhalten im Brandfall und bei Gefahr   [ ] Pflichten der Beschäftigten
[ ] Umgang mit gefährlichen Arbeitsstoffen   [ ] Ordnung und Sauberkeit am Arbeitsplatz
[ ] Verbote am Arbeitsplatz   [ ] Ansprechpartner/innen für den Arbeitsschutz
[ ] Tragen von Arbeitskleidung   [ ] Arbeiten an Maschinen

b Ordnen Sie den Folien aus der Präsentation passende Überschriften aus 1a zu.

1. ....

→ Sicherheitsbeauftragte: Martina Neumaier
→ Betriebsärztin: Dr. Karin Weigel
→ Ersthelfer/innen:
   M. Buck, L. Katic, S. Freitag
→ Sicherheitsmängel an Vorgesetzte melden

3. ....

→ Arbeitsplatz sauber halten
→ Abfälle trennen und beseitigen
→ Verkehrs- und Rettungswege freihalten
→ schadhafte Arbeitsmittel austauschen

4. ....

→ Sicherheitsschuhe und Haarnetz tragen
→ Gehörschutz bei der Arbeit an Maschinen
   benutzen.

6. ....

→ bei kleinen Bränden Feuerlöscher verwenden
→ bei Gefahr das Gebäude über Fluchtwege
   verlassen
→ hilfebedürftige Personen unterstützen
→ Notruf: Feuerwehr / Rettungswagen: 112,
   Polizei: 110

7. ....

→ Rauchverbot am Arbeitsplatz beachten
→ Alkoholverbot während der Arbeitszeit
   beachten
→ elektrische Geräte nicht selbstständig
   öffnen

▶ 28 **C Was ist richtig? Hören Sie noch einmal und markieren Sie.**

1. Frau Neumaier ist   [ ] Betriebsärztin.   [ ] Sicherheitsbeauftragte.   [ ] Ersthelferin.
2. Frei sein müssen   [ ] Arbeitsplätze.   [ ] Rettungswagen.   [ ] Rettungswege.
3. Zur besseren Hygiene tragen die Beschäftigten
     [ ] ein Haarnetz.   [ ] einen Gehörschutz.   [ ] Sicherheitsschuhe.
4. Bei Feuer ruft man   [ ] die Feuerwehr.   [ ] den Feuerlöscher.   [ ] die Polizei.
5. Verboten ist: [ ] Elektrogeräte nutzen   [ ] Brand löschen   [ ] Alkohol trinken

2   **Wie formuliert Frau Neumaier die Anweisungen? Hören und ergänzen Sie.**
▶ 29

1. _Halten Sie_ .... Ihren Arbeitsplatz sauber!

2. .... die Rettungswege frei!

3. .... _Sie_ .... ein Haarnetz!

4. .... bei kleinen Bränden die Feuerlöscher!

5. .... die 112 für Feuerwehr und Rettungswagen!

> Imperativ (Sie)
> = Bitte, Aufforderung, Anweisung
> Verb auf Position 1

3   **Welche Sätze bezeichnen eine Pflicht der Mitarbeiter? Welche Verbote?**
Markieren Sie die Modalverben und verbinden Sie.

Sie müssen sich die Notrufnummern merken.
Sie dürfen am Arbeitsplatz nicht rauchen.
Sie müssen einen Gehörschutz benutzen.
Sie dürfen keine elektrischen Geräte öffnen.

Pflicht
Verbot

> Modalverben
> *müssen* = Pflicht
> *nicht dürfen* = Verbot

4   **a Aus welcher Branche sind die Vorschriften? Lesen und diskutieren Sie.**

- Medikamente immer verschließen
- Nierenschalen desinfizieren   **1**

- Arbeitsflächen sauber halten
- Essensreste wegwerfen   **2**

- Türen schließen
- Scheren und Klebstoff wegräumen   **3**

- keine nassen Geräte bedienen
- bei Störungen Strom abstellen   **4**

● Ich glaube, die Vorschriften in Nummer 2 sind aus einem Restaurant.
○ Ja, das passt, oder aus einer Kantine, auf jeden Fall aus der Gastronomie.

b In welchem Bereich möchten Sie arbeiten? Wofür gibt es dort spezielle Sicherheitsvorschriften?
Sammeln Sie Ideen.

c Formulieren Sie für Ihren Bereich Vorschriften wie in 4a und stellen Sie sie im Kurs vor.

Sie arbeiten in einem Betrieb
mit verschiedenen Abteilungen.
Sie haben Fragen und suchen im
Organigramm Ansprechpartner.

B | Ein Organigramm verstehen

1 **a** Welche allgemeinen Fragen können am Arbeitsplatz aufkommen? Sammeln Sie.

Fragen im Betrieb

Wie fülle ich den Urlaubsantrag aus?

b Lesen Sie das Organigramm. Wem können Sie die Fragen in diesem Betrieb stellen? Diskutieren Sie.

c An wen geht die Post? Notieren Sie Name und / oder Abteilung aus dem Organigramm.

1. Rechnung von einem Kunden
2. Krankmeldung von einem Mitarbeiter
3. Fehlermeldung EDV
4. Bestellung von Produkten
5. Angebot für eine Anzeige in der Zeitung

2 Wofür stehen die Abkürzungen GF, BR, BuHa, QM und SIBE? Suchen Sie in 1b und
sammeln Sie Vermutungen.

- QM steht bestimmt für …

3 Kennen Sie weitere Abteilungen, Funktionen, Abkürzungen? Tauschen Sie sich aus.

- In meiner Branche gibt es Projektleiter.
- In vielen Betrieben gibt es eine Abteilung für Entwicklung.

C | Eine Anfrage schreiben

1 **Herr Karimi hätte gerne vermögenswirksame Leistungen. Was ist das? Kreuzen Sie an.**

[ ] Geld, das der Arbeitgeber monatlich zu einem Sparvertrag des Arbeitnehmers bezahlt.

[ ] Eine Leistung, die der Arbeitnehmer bringen muss, damit er sein Gehalt bekommt.

2 **a Welche Formulierung kann Herr Karimi für seine Anfrage nutzen? Markieren Sie.**

1. **Betreff**:   Hallo | Grüße aus dem Papierlager | Anfrage vermögenswirksame Leistungen
2. **Anrede**:   Liebe Kollegin Landerer | Sehr geehrte Frau Landerer | Hallo Beate
3. **Verweis auf Anhang**:
   Dieses sende ich Ihnen im Anhang. | Das hängt hier dran. | Das hat mein Sohn reingemacht.
4. **Bitte um Antwort**:   Sagen Sie mir | Ich muss wissen | Können Sie mir bitte Bescheid geben
5. **Dank**:   Das ist sehr lieb von Ihnen. | Vielen Dank im Voraus. | Danke, danke.
6. **Gruß**:   Mit freundlichen Grüßen | Viele Grüße | Liebe Grüße

b Ergänzen Sie die Redemittel aus 2a in der E-Mail.

> **Von:** Abdul Karimi
> **An:** Beate Landerer
> **Betreff:** ....
> ....
>
> .... ,
>
> wie ich bei meiner Einweisung gehört habe, zahlt der Betrieb für
> seine Mitarbeiter vermögenswirksame Leistungen. Ich habe bei meiner
> Bank einen Bausparvertrag abgeschlossen und ein Formular erhalten.
> ....
> .... , ob damit alles in Ordnung ist
> oder ob ich noch etwas tun muss?
> ....
>
> ....
> Abdul Karimi

3 **Wählen Sie ein Thema und schreiben Sie eine Anfrage per E-Mail. Vergleichen Sie Ihre Ergebnisse zu dritt und korrigieren Sie sich gegenseitig.**

A: An die Personalabteilung: Bekommt man bei Krankheit 100 % des Gehalts?

B: An den Vorgesetzten: Kann man einen Teil des Urlaubs ins nächste Jahr mitnehmen?

D | Jemanden um Hilfe bitten

1

a Welche Bitte passt zu den Fragen / Problemen von Herrn Karimi? Ordnen Sie zu.

1. Wo genau müssen die Kisten hin?
2. Ich kriege das Tor nicht alleine auf.
3. Ich komme später zur Betriebsversammlung.
4. Ich verstehe meine Lohnabrechnung nicht.
5. Ich bin total erkältet.
6. Ich hab's nicht geschafft, zur Bank zu gehen.

a. Wärst du so nett, mir einen Platz freizuhalten?
b. Könnten wir sie mal zusammen anschauen?
c. Leihst du mir bis morgen 10 €?
d. Würdest du mir das bitte noch mal erklären?
e. Könnten Sie vielleicht kurz mit anpacken?
f. Hätten Sie vielleicht ein Taschentuch für mich?

b Wen kann Herr Karimi in den Situationen um Hilfe bitten? Diskutieren Sie.

Herr Mönch, Hausmeister
versteht sich sehr gut mit Herrn Karimi

Frau Singh, Angestellte
in der Buchhaltung
sieht Herrn Karimi selten

Herr Wondracek, Lieferant
kennt Herrn Karimi gut

Herr Loos,
Vorgesetzter
ist freundlich,
aber distanziert

Herr Klotz, Geschäftsführer

Herr Abel, Kollege
ist immer freundlich und hilfsbereit

● Herr Karimi kann den Kollegen und den Lieferanten bitten, ihm mit dem Tor zu helfen.
○ Ich finde, dass er den Lieferanten auf keinen Fall fragen kann. Aber den Hausmeister kann er noch fragen.

2

a Welche Bitte aus 1 (a – f) ist nicht sehr höflich formuliert? Markieren Sie.

b Welche Form ist höflicher? Kreuzen Sie an.

> Höfliche Bitten stehen oft im Konjunktiv.

1. [ ] Haben   [ ] Hätten   Sie vielleicht einen Schraubenschlüssel für mich?
2. [ ] Bist   [ ] Wärst   du bereit, die Schicht mit mir zu tauschen?
3. [ ] Kannst   [ ] Könntest   du meine Vertretung übernehmen?
4. [ ] Bringt ihr mir was vom Bäcker mit?   [ ] Würdet ihr mir was vom Bäcker mitbringen?

c Welche Verben stehen im Konjunktiv? Suchen Sie in 1 und 2b und ergänzen Sie die Tabelle.

haben	sein	können	würde_ + Infinitiv
	du wärst		ihr würdet ... mitbringen

Konjunktiv II
sein, *haben* und Modalverben:
eigene Formen
alle anderen Verben:
*würde_* + Infinitiv

3 **a** Wählen Sie eine Situation, bereiten Sie sich vor und machen Sie Notizen.
Spielen Sie Dialoge und nutzen Sie höfliche Fragen im Konjunktiv.

Fragen zur Situation:
In was für einem Betrieb arbeiten Sie?
Welche Tätigkeiten üben Sie aus?
Um welche Bitte geht es? …

Situation 1:

A: Sie haben einen Arzttermin und möchten deshalb Ihre Schicht mit Ihrem Kollegen / Ihrer Kollegin tauschen.

B: Ihr Kollege / Ihre Kollegin möchte mit Ihnen die Schicht tauschen. Das ist okay für Sie und Sie einigen sich mit ihm / mit ihr.

Situation 2:

A: Sie haben mit einer Kundin ein Problem und bitten Ihren Kollegen / Ihre Kollegin, die Kundin zu übernehmen.

B: Ihr Kollege / Ihre Kollegin hat mit einer Kundin ein Problem und bittet Sie, sie zu übernehmen. Lehnen Sie freundlich ab.

Situation 3:

A: Sie wissen nicht mehr genau, wie Sie eine Maschine bedienen müssen. Bitten Sie Ihren Kollegen / Ihre Kollegin um Hilfe.

B: Ihr Kollege / Ihre Kollegin bittet Sie, ihm / ihr mit einer Maschine zu helfen. Sagen Sie, dass Sie in 15 Minuten Zeit dafür haben.

» Wärst du / Wären Sie so nett und …
» Würdest du / Würden Sie mir das bitte (noch einmal) erklären?
» Hättest du / Hätten Sie vielleicht …
» Könntest du / Könnten Sie mir … helfen?
» Könnten wir das zusammen anschauen?

b Sammeln Sie weitere Situationen. Gehen Sie durch den Raum und bitten Sie jemanden höflich um Hilfe. Variieren Sie die Bitten.

> Herr Karimi hat einen deutschen Vorgesetzten, der sehr schnell im Dialekt spricht. Er bekommt eine Anweisung, versteht seinen Chef aber nicht genau.

E | Das Verstehen sichern

1 Wie viel Prozent verstehen Sie? 10, 30, 50 oder mehr? Hören und vergleichen Sie.

▷ 30

2 **a** Was sagt Herr Karimi, um besser zu verstehen? Hören Sie und kreuzen Sie an.

▷ 31

[ ] Wie bitte? Können Sie das noch einmal wiederholen?

[ ] Ich kann leider nicht so gut Deutsch, bitte langsam.

[ ] Ich verstehe Schwäbisch leider nicht so gut. Können Sie das noch mal langsam wiederholen?

b Herr Karimi hat noch nicht alles verstanden, sagt aber am Ende: *Ja, alles klar*. Warum? Wie geht die Situation weiter? Diskutieren Sie.

3 **a** Wie sichert Herr Karimi in den Sätzen, dass er alles verstanden hat? Ordnen Sie zu.

[ ] er wiederholt, was er verstanden hat
[ ] er unterbricht den Chef
[ ] er macht einen eigenen Vorschlag
[ ] er lässt sich etwas zeigen
[ ] er fragt nach

1. Ich habe verstanden, dass ich die Lieferung sortieren soll. Stimmt das?

2. Okay, ich soll … Und was soll ich noch tun?

3. Ich verstehe das nicht richtig. Können Sie mir bitte den Plan zeigen?

4. Ach ja, die Lieferung. Die kann der Franz sortieren, oder?

5. Entschuldigen Sie, dass ich Sie unterbreche. Wo ist …?

b Welche Strategie aus 3 a gefällt Ihnen? Benutzen Sie andere Strategien? Berichten Sie und tauschen Sie sich aus.

● Ich hole mir oft jemanden dazu, der meine Sprache spricht und gut Deutsch versteht. Der übersetzt dann, manchmal auch am Handy.

4 Wählen Sie ein Thema und üben Sie. Person A spricht schnell und undeutlich, Person B reagiert, bis sie alles verstanden hat. Tauschen Sie die Rollen.

1. Einladung zu einer Jubiläumsfeier im Betrieb: Wo? Wann? Gäste? Essen? …
2. Urlaubsvertretung: Was ist zu tun? (z. B. Pflanzen gießen, Post bearbeiten, E-Mails lesen, …)

F | Schlüsselqualifikation: Eigeninitiative

1 **a** Was haben Sie am Arbeitsplatz oder in Ihrer Freizeit aus eigener Initiative organisiert, also, ohne dass Sie eine andere Person dazu aufgefordert hat? Notieren Sie.

Arbeitsplatz umgeräumt

Eigeninitiative

Mutter-Kind-Gruppe gegründet

b Wie haben andere (Kollegen, Freunde, ...) darauf reagiert? Tauschen Sie sich aus.

2 **a** Wie zeigen die Personen am Arbeitsplatz Eigeninitiative? Lesen Sie und notieren Sie.

Mitarbeiter mit Eigeninitiative denken mit und warten nicht, bis ihnen jemand sagt, was sie tun sollen. Beispiele sind: der Maschinenführer, der Vorschläge einbringt, wie der Arbeitsplatz besser organisiert wird; die Mitarbeiterin in der Kantine, die das Essen netter auf dem Teller präsentiert; der Praktikant, der das Altpapier bündelt und vor die Haustür bringt.

b Sammeln Sie weitere Beispiele und ergänzen Sie Ihre Notizen aus 2a.

c Welche Nachteile kann Eigeninitiative haben? Für wen? Lesen und markieren Sie.

Ohne Mitarbeiter mit Eigeninitiative sind Unternehmen nicht wettbewerbsfähig. Trotzdem ist Eigeninitiative nicht immer erwünscht. Denn sie kann auch unbequem werden. Die Vorschläge eines Kollegen bedeuten für die anderen vielleicht mehr Arbeit. Oder die Kollegen sind neidisch, weil der engagierte Mitarbeiter vom Chef mehr geschätzt wird und Karriere macht. Eigeninitiative kann auch für das Unternehmen schädlich sein. Wenn die Mitarbeiter nur ihren eigenen Vorteil sehen und nicht die Ziele des Unternehmens, kann das zu Konflikten führen.

3 Wie wichtig ist Eigeninitiative am Arbeitsplatz in Ihrem Land? Diskutieren Sie.

- Bei uns ist es positiv, wenn man dem Chef möglichst viele Vorschläge macht.
- Bei uns ist es besser, nur das zu machen, was man dir sagt. Eigeninitiative ist egoistisch.

4 Wie können Sie in Ihrer aktuellen Situation Eigeninitiative zeigen? Sammeln Sie Ideen.

Wörter und Wendungen: Betriebliche Informationen

sich beruflich weiterentwickeln
sich weiterentwickeln
der Kurs, -e einen Kurs besuchen
das Seminar, -e
das Training, -s
der Lehrgang, ⸚e
der Fachlehrgang, ⸚e
der Fernlehrgang, ⸚e

eine Sicherheitsunterweisung verstehen
die Sicherheitsunterweisung, -en
der Arbeitsschutz (nur Sg.)
die Arbeitskleidung (nur Sg.) Arbeitskleidung
  tragen
die Gefahr, -en
der Brand, ⸚e einen Brand löschen
der Feuerlöscher, -
melden
der / die Vorgesetzte, -n
der / die Sicherheitsbeauftragte, -n
der Betriebsarzt, ⸚e
die Betriebsärztin, -nen
der Ersthelfer, -
die Ersthelferin, -nen
der Sicherheitsmangel, ⸚
die Pflicht, -en
das Verbot, -e
der Verkehrs- und Rettungsweg, -e Verkehrs-
  und Rettungswege freihalten
der Arbeitsplatz, ⸚e den Arbeitsplatz sauber
  halten
die Hygiene (nur Sg.)
die Ordnung (nur Sg.)
die Sauberkeit (nur Sg.)
beachten das Rauchverbot beachten

ein Organigramm verstehen
der Betrieb, -e
der Betriebsrat, ⸚e
die Betriebsrätin, -nen
die Abteilung, -en die Personalabteilung
  die EDV-Abteilung
der Geschäftsführer, -
die Geschäftsführerin, -nen
der Projektleiter, -
die Projektleiterin, -nen
der Urlaubsantrag, ⸚e
die Krankmeldung, -en

eine Anfrage schreiben
die Anfrage, -n eine Anfrage stellen
geehrt Sehr geehrte Frau / Sehr geehrter Herr …
der Anhang, ⸚e
das Formular, -e Das Formular sende ich Ihnen
  im Anhang.
Bescheid geben Können Sie mir Bescheid geben,
  ob damit alles in Ordnung ist?
der Dank (nur Sg.) Vielen Dank im Voraus.
der Gruß, ⸚e Mit freundlichen Grüßen

jemanden um Hilfe bitten
helfen Könntest du / Könnten Sie mir helfen?
nett sein Wärst du / Wären Sie so nett, …?
erklären Würdest du / Würden Sie mir das bitte
  noch mal erklären?
bereit sein Wärst du / Wären Sie bereit, die
  Schicht mit mir zu tauschen?

das Verstehen sichern
verstehen
wiederholen Wie bitte? Können Sie das noch
  einmal wiederholen?
stimmen Stimmt das?

Markieren Sie Wörter und Wendungen, die Sie nicht verstehen. Wo stehen sie in der Lektion?
Verstehen Sie sie im Kontext? Wenn Sie Hilfe brauchen, fragen Sie Ihre Lernpartner oder Ihre Kursleitung.

Welche 7 Wörter möchten Sie sich merken? Wählen Sie aus und schreiben Sie zu zweit einen Dialog
für eine kurze Szene wie im Theater, in dem die Wörter vorkommen. Spielen Sie die Szene im Kurs.

Grammatik im Überblick

Verben im Imperativ

Vorschriften, Anweisungen, Aufforderungen, Bitten und Befehle stehen oft im Imperativ.
Das Verb im Imperativ steht im Satz auf Position 1.

Infinitiv	Imperativ (Sie) = Singular und Plural	Imperativ (du)	Imperativ (ihr)	auch:
kommen	Kommen Sie!	Komm!	Kommt!	
nehmen	Nehmen Sie!	Nimm!	Nehmt!	lesen, sprechen
tragen	Tragen Sie bitte!	Trag bitte!	Tragt bitte!	fahren, halten
arbeiten	Arbeiten Sie!	Arbeite!	Arbeitet!	öffnen, rechnen
beachten	Beachten Sie bitte!	Beachte bitte!	Beachtet bitte!	
austauschen	Tauschen Sie aus!	Tausch aus!	Tauscht aus!	
sein	Seien Sie vorsichtig!	Sei vorsichtig!	Seid vorsichtig!	

Imperativ (du): du komm-~~st~~ → Komm!

Modalverben (müssen, nicht dürfen)

müssen = Pflicht
Sie müssen ein Haarnetz tragen. Sie müssen Ihren Vorgesetzten informieren.

nicht dürfen = Verbot
Sie dürfen am Arbeitsplatz nicht rauchen.

Die Negation kann auch mit *kein* oder *weder … noch* erfolgen.
Sie dürfen am Arbeitsplatz keinen Alkohol trinken. Sie dürfen weder Alkohol trinken noch rauchen.

Konjunktiv II: Höfliche Bitten

Bitten im Konjunktiv II sind sehr höflich.
Sein, haben und die Modalverben haben im Konjunktiv eigene Formen.
Für alle anderen Verben nutzt man eine Form von *würde_* + Infinitiv.

	würde_ + Infinitiv	haben	sein	können
ich	würde … kommen	hätte	wäre	könnte
Sie (formell)	würden … kommen	hätten	wären	könnten
du	würdest … kommen	hättest	wärst	könntest
er / es / sie	würde … kommen	hätte	wäre	könnte
wir	würden … kommen	hätten	wären	könnten
Sie (formell)	würden … kommen	hätten	wären	könnten
ihr	würdet … kommen	hättet	wärt	könntet
sie	würden … kommen	hätten	wären	könnten

Szenario: Lektion 5 und 6

Lesen Sie die Situationsbeschreibung. Verteilen Sie die Rollen. Bereiten Sie die Aufgaben vor: Suchen Sie passenden Wortschatz und Redemittel. Ihre Kursleitung hilft Ihnen bei der Auswahl der Materialien und bei Fragen. Üben Sie die einzelnen Schritte und üben Sie dann das komplette Szenario.

Situation:

Eine Person hat ihren ersten Arbeitstag in einem Unternehmen. Sie stellt sich Vorgesetzten und Kollegen vor. Dann füllt sie im Personalbüro den Personalfragebogen aus. Sie erhält von der/m Sicherheitsbeauftragten eine Sicherheitsunterweisung. Der Abteilungsleiter zeigt ihr den Betrieb und weist sie ein. Sie beginnt ihre Arbeit im Team, hat ein Problem und bittet jemanden um Hilfe.

Material / Notizen (Kursleitung)

Schritt 1 sich an einem neuen Arbeitsplatz vorstellen

Person	**2–3 Kollegen**
• stellt sich den neuen Arbeitskollegen vor	• stellen sich dem neuen Kollegen / der neuen Kollegin vor

Schritt 2 einen Personalfragebogen ausfüllen

→ Personalfragebogen

Person	**Sachbearbeiterin im Personalbüro**
• füllt den Personalfragebogen aus • stellt Fragen dazu	• gibt der Person den Personalfragebogen zum Ausfüllen • beantwortet die Fragen

Schritt 3 eine Sicherheitsunterweisung verstehen

→ Sicherheitsunterweisung in Stichworten

Person	**Sicherheitsbeauftragte/r**
• hört der/m Sicherheitsbeauftragten zu • fragt nach	• erklärt die Sicherheitsvorschriften

Schritt 4 einer allgemeinen Einweisung folgen

→ Notizen mit Themen für die Einweisung

Person	**Abteilungsleiter/in der Firma**
• hört bei einer Einweisung zu • stellt Fragen	• führt durchs Unternehmen und weist ein

Schritt 5 jemanden um Hilfe bitten

→ Notizen mit möglichen Problemen

Person	**Kollege / Kollegin in der Firma**
• bittet einen Kollegen / eine Kollegin um Hilfe	• reagiert auf die Bitte und hilft

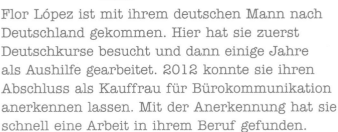

Flor López ist mit ihrem deutschen Mann nach Deutschland gekommen. Hier hat sie zuerst Deutschkurse besucht und dann einige Jahre als Aushilfe gearbeitet. 2012 konnte sie ihren Abschluss als Kauffrau für Bürokommunikation anerkennen lassen. Mit der Anerkennung hat sie schnell eine Arbeit in ihrem Beruf gefunden.

>> Flor López, Sekretärin aus Mexiko,
32 Jahre, seit 6 Jahren in Deutschland

7 | Kontakte am Arbeitsplatz

1 Für welchen Beruf hat Frau López eine Anerkennung bekommen? Als was hat sie gearbeitet, bevor sie sich in ihrem Beruf integrieren konnte? Tauschen Sie sich aus.

2 a Welche Vorteile hat die Anerkennung eines ausländischen Berufsabschlusses? Lesen Sie die Überschriften von Erfahrungsberichten und notieren Sie Stichworte.

mehr Geld, ...

Von der Leiharbeit
in die Festanstellung

Gehaltserhöhung dank Anerkennung

Unbefristeter Vertrag

Neue Chancen zur Weiterbildung

Endlich wieder als
Elektriker arbeiten

Von der
Lagerhalle
ins Büro

aus: „Meine Erfolgsgeschichte", Broschüre der IHK FOSA

b Haben Sie Erfahrungen mit der Anerkennung von Abschlüssen? Tauschen Sie sich aus.

c Wie sind Ihre Chancen auf eine Anerkennung Ihres Berufs? Informieren Sie sich beim Bundesamt für Migration und Flüchtlinge (www.bamf.de). Berichten Sie im Kurs.

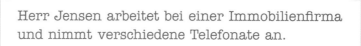

Herr Jensen arbeitet bei einer Immobilienfirma und nimmt verschiedene Telefonate an.

A | Telefongespräche annehmen

1

▶ 32

a Wo und mit wem telefoniert Herr Jensen? Hören Sie und verbinden Sie.

Gespräch 1	zu Hause / am Handy	mit einer Freundin
Gespräch 2	im Büro	mit einer Kundin
Gespräch 3	im Büro	mit einem Kollegen

▶ 32 **b Wie meldet sich Herr Jensen am Telefon? Hören Sie noch einmal und kreuzen Sie an.**

[ ] Haus und Hof, Jensen, guten Tag.   [ ] Hallo.   [ ] Jensen am Apparat.   [ ] Ja bitte.

[ ] Jensen, Apparat Kleinmann.   [ ] Jensen.   [ ] Hi Alex.   [ ] Erik Jensen.

c In welchen Situationen kann man die Redemittel aus 1b verwenden. Diskutieren Sie.

● „Hi Alex" geht, wenn man die Nummer sieht und ein Freund dran ist.

d Wie kann man Gesprächspartner nach dem Einstieg begrüßen? Wählen Sie eine Situation (A, B, C) und markieren Sie passende Formulierungen in der Liste.

| **A:** Sie führen ein privates Telefongespräch. | **B:** Sie telefonieren im Betrieb intern (mit Kollegen). | **C:** Sie telefonieren im Betrieb extern (mit Kunden). |

» Hallo …! Lange nichts mehr von dir gehört!

» Hallo Herr / Frau … Was gibt's?

» Guten Tag, Herr / Frau … Was kann ich für Sie tun?

» Grüß Gott, Herr / Frau … Ich wollte mich auch schon bei Ihnen melden.

» Hi … Danke für deinen Rückruf.

2

a Welche Formulierungen sind unpassend? Streichen Sie sie durch.

Ein Kunde ruft an und möchte mit Ihrem Kollegen Herrn Walter sprechen. Sie reagieren.

1. Sie verbinden den Kunden mit Herrn Walter.
   Bleiben Sie bitte   in der Leitung, | am Apparat, | hier, | dran,   ich verbinde Sie.
   Einen Moment, | Einen Augenblick, | Eine Minute,   ich   verbinde Sie. | stelle Sie durch. | suche ihn.

2. Herr Walter ist nicht da.
   Tut mir leid, aber Herr Walter ist gerade   nicht am Platz. | zu Tisch. | außer Haus. | im Urlaub. |
   auf einer Dienstreise. | krank. | auf der Toilette. | in einer Besprechung.

3. Herr Walter telefoniert.
   Tut mir leid, aber   er spricht gerade. | da ist gerade besetzt. | er unterhält sich mit einer Kollegin.

4. Sie bieten dem Kunden Hilfe an.

Kann ich ihm etwas ausrichten? | Kann ich Ihnen weiterhelfen? | Soll er Sie zurückrufen? |
Möchten Sie es später noch einmal versuchen? | Alles klar?

5. Sie fragen nach dem Grund für den Anruf.

Worum geht es? | Was ist Ihr Anliegen? | Ist der Anruf vielleicht privat? | Was kann ich für Sie tun?

b Schreiben Sie alle Redemittel aus 2 a, die Sie sich merken wollen, auf Kärtchen.

**c Stellen Sie sich wie beim Speed Dating auf und spielen Sie mit Ihren Kärtchen Telefongespräche.
Gruppe 1 beginnt, Gruppe 2 reagiert. Wechseln Sie die Rollen.**

Gruppe 1

Gruppe 2

Gruppe 1: Guten Tag, hier Meier, kann ich bitte mit Herrn Müller sprechen?

Gruppe 2: …

3 Wie verabschieden Sie sich am Telefon von verschiedenen Personen? Sammeln Sie.

1. von einem unbekannten Kunden: ....

2. von einem netten Kollegen: *Tschüss,* ....

3. von einem distanzierten Chef: ....

4. .... : ....

**4 Spielen Sie kurze Telefongespräche am Arbeitsplatz. Nutzen Sie die Redemittel aus 1–3 und
tauschen Sie die Rollen.**

5 a Welche Vorsilbe passt? Ordnen Sie zu.

aus | durch | unter | ver | weiter

1. Er ....hält sich gerade mit einer Kollegin.

2. Kann ich ihm etwas ....richten?

3. Ich helfe Ihnen gerne ....

4. Einen Moment, ich ....binde Sie.

5. Ich stelle Sie ....

> Verben mit **trennbarer Vorsilbe**
> Infinitiv: weiterhelfen, durchstellen, …
> Im Satz: Ich stelle Sie durch.
>
> Verben mit **untrennbarer Vorsilbe**
> Infinitiv: sich unterhalten, verbinden, …
> Im Satz: Ich verbinde Sie.

**b Suchen Sie in 2 Verben mit Vorsilbe und ordnen Sie sie in die Tabelle ein.
Ergänzen Sie weitere Beispiele.**

Verben mit trennbarer Vorsilbe	Verben mit untrennbarer Vorsilbe
zurückrufen,	

Frau López nimmt einen Anruf für einen
Kollegen an und schreibt ihm eine Telefonnotiz.

B | Eine Telefonnotiz schreiben

1 **Welche Informationen fehlen in dieser Telefonnotiz?
Sammeln Sie Fragen.**

Wer hat die Notiz geschrieben? Wer ist „Müller"?

*Müller,
bitte Rückruf!*

2 **a Hören Sie das Telefongespräch und ergänzen Sie das Formular.**

▶ 33

```
TELEFONNOTIZ
Datum / Uhrzeit: 7.5., 14 Uhr
Für: ...............................................      Von: ...............................................
Anrufer: ...............................................      Telefon: ...............................................
Anrufer bittet um
[ ] Kenntnisnahme      [ ] Rückruf      [ ] Erledigung
[ ] Termin             [ ] Sonstiges: ...............................................
```

▶ 33 **b Was ist der Grund für den Anruf? Welche Informationen sind für Herrn Meier wichtig?
Hören Sie noch einmal und kreuzen Sie an.**

Der Anrufer …
[ ] ist Mieter in der Emilia-Straße.
[ ] hat eine kaputte Heizung im Schlafzimmer.
[ ] sagt, dass die Handwerker nicht gekommen sind.

[ ] glaubt, dass etwas schief gelaufen ist.
[ ] möchte einen neuen Termin.
[ ] hat eigentlich keine Zeit für einen Termin.

c Wie kann man den Grund des Anrufs formulieren? Wählen Sie aus und notieren Sie.

Seine Heizung im Schlafzimmer ist kaputt. | Heizung kaputt. | Handwerker nicht gekommen. |
Er hatte heute einen Termin mit Handwerkern, die sind aber nicht gekommen. | Termin heute. |
Deswegen möchte er einen neuen Termin. | Neuen Termin vereinbaren. |

```
Grund des Anrufs: ...............................................
...............................................
```

3 **Spielen Sie ein Telefongespräch im Immobilienbüro und schreiben Sie eine Telefonnotiz.
Tauschen Sie die Rollen und korrigieren Sie Ihre Texte gegenseitig.**

Situation 1: Ein Mieter ruft an: das Licht im Treppenhaus funktioniert nicht.
Situation 2: Eine Mieterin ruft an: im Waschraum steht das Wasser 5 cm hoch und fließt nicht ab.

> Herr Meier hat eine Frage an seine
> Kollegin Frau López und ruft sie an.

C | Eine Anfrage am Telefon verstehen

1

▶ 34

a Was möchte Herr Meier? Hören Sie und kreuzen Sie an.

Frau López soll …
[ ] einen Zahlungseingang kontrollieren.
[ ] eine Mahnung suchen.

▶ 34 **b Welche Aussage ist richtig, welche falsch?
Hören Sie noch einmal und kreuzen Sie an.**

	richtig	falsch
1. Herr Meier sucht einen Zahlungseingang.	[ ]	[ ]
2. Der Vorname von Frau Konrad ist Emilia.	[ ]	[ ]
3. Frau Konrad hat die Miete nicht bezahlt.	[ ]	[ ]
4. Frau Konrad muss noch Nebenkosten nachzahlen.	[ ]	[ ]
5. Frau López soll eine Mahnung an Frau Konrad schicken.	[ ]	[ ]

c Warum stellt Frau López die Fragen? Verbinden Sie.

1. Was kann ich für Sie tun?
2. Frau Konrad mit K?
3. Soll ich Ihnen eine Kopie ins Fach legen?   Sie ist freundlich und bietet Hilfe an.
4. Und sie wohnt in der Emilia-Straße?   Sie möchte alles richtig verstehen.
5. Mit Zahlungsziel 14 Tage?   Sie braucht genauere Informationen.

d Welche Wörter nutzen die beiden, um zu zeigen, dass sie verstanden haben? Kreuzen Sie an.

[ ] Genau.   [ ] Vielleicht.   [ ] Stimmt.   [ ] Ach so!
[ ] Verstanden.   [ ] Richtig.   [ ] Gut.   [ ] Alles klar.

2

**a Was für telefonische Anfragen von Kolleginnen und Kollegen gibt es in Ihrem Beruf?
Tauschen Sie sich aus und sammeln Sie Situationen.**

- Im Lager rufen oft Kollegen an und fragen, wie viele … wir noch haben.
- Bei uns in der Bäckerei rufen manchmal Kolleginnen aus anderen Filialen an,
  weil sie keine Brötchen mehr haben oder so. Wir sollen dann …
- In der Autowerkstatt hat die Kollegin aus dem Büro immer angerufen, wenn es Probleme
  mit einer Rechnung gab. Sie wollte dann wissen, was wir …

**b Wählen Sie eine Situation und spielen Sie eine Anfrage am Telefon.
Stellen Sie Fragen und nutzen Sie die Redemittel aus 1d.**

> An ihrem Arbeitsplatz kommt es zu einem Missverständnis. Sie sind irritiert und möchten es gern ansprechen.

D | Missverständnisse ansprechen

1

a Finden Sie zwei Personen aus dem Kurs. Diese spielen die Szene, die anderen beobachten.

Situation: Sie sind in einem Raum mit ca. 10 Stühlen.

> **Person A:** Sie sind Chef und möchten, dass B die Stühle im Raum aufeinander stellt. Sagen Sie ihm das.

> **Person B:** Ihr Chef (A) sagt etwas zu Ihnen. Sie verstehen: Ich soll die Stühle vor die Tür stellen. Machen Sie das.

b Wie haben die Personen das Missverständnis angesprochen? Diskutieren Sie und notieren Sie die Formulierungen in der Tabelle. Welche finden Sie gut?

Person, die falsch verstanden wird (A)	Person, die falsch versteht (B)
Sie haben mich falsch verstanden.	

c Was kann man noch sagen? Ordnen Sie die Redemittel in die Tabelle in 1b ein.

Ich glaube, das ist ein Missverständnis. | Ich glaube, ich habe Sie falsch verstanden. |
Oh, tut mir leid, ich hatte Sie so verstanden. | Habe ich vielleicht etwas falsch gemacht? |
Das habe ich anders gemeint. | Ich weiß nicht, ob ich Sie richtig verstanden habe. | Entschuldigung.
Können Sie es mir noch mal erklären? | Vielleicht habe ich mich nicht so genau ausgedrückt. |
So habe ich das nicht gemeint. | Entschuldigung, ich habe das nicht absichtlich gemacht.

2

a Um welche Missverständnisse geht es hier? Diskutieren Sie mögliche Situationen.

● Jemand wollte eine weiße Wand haben.

○ Ja, aber der Maler hat …

b Wählen Sie eine Situation aus und spielen Sie sie. Nutzen Sie Redemittel aus 1. Wechseln Sie Rollen und Partner.

3 Haben Sie schon Missverständnisse am Arbeitsplatz erlebt? Wie haben Sie sie gelöst? Tauschen Sie sich aus.

4 **a** Was sagen die Personen, um ein Missverständnis zu verhindern? Wie formulieren sie ihre Fragen? Ordnen Sie zu.

> 1. Habe ich Sie richtig verstanden?

> 3. Was haben Sie gerade gesagt?

> 2. Wie funktioniert das?

> 4. Was soll ich tun?

[ ] a. Würden Sie mir noch mal sagen, was ich tun soll?
[ ] b. Ich verstehe nicht ganz, was Sie gerade gesagt haben.
[ ] c. Ich weiß nicht, ob ich Sie richtig verstanden habe.
[ ] d. Können Sie mir noch mal erklären, wie das funktioniert.

b Welche Fragen in 4a sind höflicher, 1.–4. oder a.–d.? Warum? Diskutieren Sie.

c Welches Wort passt? Ergänzen Sie die indirekten Fragesätze. Wo steht das konjugierte Verb? Markieren Sie.

> indirekte Frage = Nebensatz
> Am Anfang steht ein Frage-
> pronomen: *was, wie, wo* …
> oder *ob*
> Am Satzende steht das
> konjugierte Verb.

Hauptsatz	Fragewort / ob		Satzende
Wissen Sie vielleicht,		die Rechnungen	liegen?
Kannst du mir sagen,		ich das Formular	ausfüllen muss?
Ich bin nicht sicher,		das so	stimmt.
Ich habe leider nicht verstanden,		Sie gestern am Telefon	gesagt haben.

Nebensatz-Klammer

5 Schreiben Sie 10 Fragen auf Zettel. Mischen Sie die Zettel und ziehen Sie eine Frage. Formulieren Sie die Frage indirekt. Variieren Sie.

> Sie arbeiten in einem großen Unternehmen und
> sehen einen Aushang vom Betriebsrat.

E | Einen offiziellen Brief verstehen

1 Was ist das? Überfliegen Sie den Text und kreuzen Sie an.

[ ] ein Informationsblatt zu Arbeitszeiten
[ ] eine Einladung zu einem Treffen
[ ] ein Protokoll zu einer Sitzung

Liebe Kolleginnen und Kollegen,

der Betriebsrat lädt zur 3. Betriebsversammlung in diesem Jahr ein:
am Mittwoch, den 29. Oktober 2014
von 14.00 Uhr bis 16.00 Uhr in der Kantine

Tagesordnung:
· Bericht des Betriebsrates
· Bericht der Geschäftsführung
· Aktuelle Informationen der Sicherheitsbeauftragten
· Stand der Tarifverhandlung, Gast: Hr. Schmid von der Gewerkschaft
· Fragen aus der Belegschaft und Verschiedenes

Weitere Vorschläge für die Tagesordnung bitten wir vorab schriftlich an
uns zu melden.
Die Betriebsversammlung dauert ca. 2 Stunden und findet während der
Arbeitszeit statt. Es dürfen alle Beschäftigten und Aushilfen teilnehmen.
Freie Mitarbeiter und Praktikanten dürfen leider nicht teilnehmen.

Wir freuen uns auf Sie.

Viele Grüße

Martina Herrmann
Martina Herrmann
Betriebsratsvorsitzende

> Der Betriebsrat wird
> von den Mitarbeitern
> gewählt und vertritt
> die Interessen aller Mit-
> arbeiter.

2 **a** Lesen Sie und diskutieren Sie die Fragen. Markieren Sie Antworten im Text.

Wer schreibt?
Wem schreibt die Person?
Warum schreibt sie?
Was sind wichtige Informationen?

b Was ist hier falsch? Lesen Sie noch einmal. Korrigieren Sie die Sätze.

1. Die Betriebsversammlung findet vormittags statt.
2. Auf der Versammlung spricht nur der Betriebsrat.
3. Die Versammlung ist für die Mitarbeiter Freizeit.
4. Ein Praktikant darf auch zur Versammlung gehen.

3 Würden Sie zu dieser Betriebsversammlung gehen? Warum (nicht)? Haben Sie Erfahrungen
mit Betriebsversammlungen? Tauschen Sie sich aus.

Teamfähigkeit Eigeninitiative Pünktlichkeit
Flexibilität Freundlichkeit Zuverlässigkeit
Interkulturelle Kompetenz Konfliktfähigkeit
Lernbereitschaft Kundenorientierung Motivation

F | Schlüsselqualifikation: Flexibilität

1

a Welche Aspekte sprechen die Teilnehmer/innen eines Kurses des Deutschlehrers Herrn Wiedemann zum Thema Flexibilität am Arbeitsplatz an? Diskutieren Sie.

a. Wenn viel los ist, müssen wir abends länger arbeiten, oder am Wochenende.

b. Mein Chef hat Tankstellen. Ich muss da arbeiten, wo er mich gerade braucht.

c. Ich arbeite bei einer Zeitarbeitsfirma und wechsle oft die Firmen.

d. Wenn es zu wenig Arbeit gibt, müssen wir nach Hause gehen und bekommen kein Geld.

e. Ich bekomme meine Aufgaben immer morgens bei der Schichtübergabe. Vorher weiß ich nicht, was ich machen soll.

● Bei a geht es um die Arbeitszeit. Die ist flexibel und nicht immer gleich lang.

○ Ja, und b …

b Wann und wie mussten Sie in Ihrer Berufstätigkeit flexibel sein? Haben Sie ähnliche Erfahrungen? Kennen Sie andere Aspekte von Flexibilität? Tauschen Sie sich aus.

2

a Wie flexibel muss man bei der Arbeitssuche sein? Was für eine Arbeit ist zumutbar? Lesen Sie und lösen Sie das Quiz.

Quiz

Muss man als Arbeitslose(r) jedes Jobangebot annehmen? Oder bekommt man sofort weniger Arbeitslosengeld, wenn man einen Job ablehnt? Wann können Sie „Nein" sagen? Kennen Sie die offiziellen Regelungen? Machen Sie den Test!

1 Die Bezahlung ist niedriger als
a das Arbeitslosengeld.
b das letzte Gehalt.

2 Die Bezahlung ist
a 20 % niedriger als der Tariflohn.
b 30 % niedriger als der Tariflohn.

3 Die einfache Fahrt zum Arbeitsplatz dauert
a drei Stunden.
b eine Stunde.

4 Der Arbeitsvertrag ist
a auf 2 Jahre befristet.
b auf 1 Jahr befristet.

5 Sie haben in dieser Tätigkeit
a noch nie gearbeitet.
b vorher nur 1 Monat gearbeitet.

Auflösung: 1a, 2b, 3a, 4/5 Ablehnen ist bei a und b nicht möglich

b Mussten Sie schon ein Jobangebot annehmen, das Sie nicht wollten? Erzählen Sie.

Wörter und Wendungen: Kontakte am Arbeitsplatz

Telefongespräche annehmen

telefonieren mit + Dat.

der Anruf, -e

der Apparat, -e Haus und Hof, Jensen am
Apparat.

tun für + Akk. Was kann ich für Sie tun?

weiterhelfen Wie kann ich Ihnen weiterhelfen?

sich melden bei + Dat. Ich wollte mich auch
schon bei Ihnen melden.

der Rückruf, -e Danke für den Rückruf.

zurückrufen Soll er Sie zurückrufen?

verbinden Bleiben Sie bitte am Apparat, ich
verbinde Sie.

durchstellen Moment, ich stelle Sie durch.

nicht am Platz sein Tut mir leid, aber Herr
Walter ist gerade nicht am Platz.

ausrichten Kann ich ihm etwas ausrichten?

versuchen Möchten Sie es später noch einmal
versuchen?

besetzt sein Es ist besetzt.

intern

extern

eine Telefonnotiz schreiben

die Kenntnisnahme (nur Sg.)

zur Kenntnis nehmen

die Erledigung, -en

erledigen

der Anrufer, -

die Anruferin, -nen

bitten um + Akk. Der Anrufer bittet um Rückruf.

eine Anfrage am Telefon verstehen

die Anfrage, -n

die Mahnung, -en

Missverständnisse ansprechen

das Missverständnis, -se Ich glaube, das ist ein
Missverständnis.

(sich) falsch / richtig verstehen Wir haben uns
falsch verstanden. Ich weiß nicht, ob ich Sie
richtig verstanden habe.

falsch machen Habe ich vielleicht etwas falsch
gemacht?

meinen Ich habe das anders gemeint.

sich ausdrücken Vielleicht habe ich mich nicht so
genau ausgedrückt.

(nicht) sicher sein Ich bin nicht sicher, ob …

absichtlich Das habe ich nicht absichtlich
gemacht.

einen offiziellen Brief verstehen

der / die Beschäftigte, -n

die Aushilfe, -n

der Praktikant, -en

die Praktikantin, -nen

der Betriebsrat, ⸚e

der / die Betriebsratsvorsitzende, -n

die Gewerkschaft, -en

die Belegschaft, -en

die Betriebsversammlung, -en

die Sitzung, -en

die Tagesordnung, -en

das Protokoll, -e

der Vorschlag, ⸚e

stattfinden

teilnehmen

Markieren Sie Wörter und Wendungen, die Sie nicht verstehen. Wo stehen sie in der Lektion? Verstehen
Sie sie im Kontext? Wenn Sie Hilfe brauchen, fragen Sie Ihre Lernpartner oder Ihre Kursleitung.

Welche 7 Wörter möchten Sie sich merken? Wählen Sie aus. Hören Sie Musik und schreiben Sie dabei
Sätze mit den Wörtern. Lesen Sie die Wörter im Rhythmus der Musik vor.

Grammatik im Überblick

Verben mit trennbarer Vorsilbe

! Trennbare Vorsilben sind immer betont: **an**rufen, **aus**richten

Immer trennbar:
ab- (abgeben), an- (annehmen), auf- (aufhören), aus- (aussteigen), ein- (einsteigen),
mit- (mitkommen), vor- (vorschlagen), weg- (weglaufen), zu- (zuhören), zurück- (zurückrufen)
Auch: fernsehen, stattfinden, teilnehmen, …

Im Satz:

Position 1	Position 2		Satzende
Herr Meier	ruft	Sie morgen Vormittag	an.
Ich	helfe	Ihnen gern	weiter.
Wann	findet	die Betriebsversammlung	statt?
Soll	er	Sie	zurückrufen?
Kann	ich	Ihnen	weiterhelfen?

Verben mit untrennbarer Vorsilbe

! Die Betonung liegt auf dem Verbstamm: be**kom**men, ver**bin**den

Nicht trennbar:
be- (bekommen), emp- (empfehlen), ent- (entschuldigen), er- (erzählen), ge- (gefallen),
ver- (verbinden), zer- (zerbrechen)
Auch: übersetzen, sich unterhalten, …

Im Satz:
Einen Moment, ich verbinde Sie.
Möchten Sie es später noch einmal versuchen?

Habe ich Sie richtig verstanden?

Wie funktioniert das?

Indirekte Fragen

Hauptsatz	Nebensatz		
	Fragewort / ob		Satzende
Wissen Sie vielleicht,	wie	das	funktioniert?
Kannst du mir noch mal sagen,	wo	die Rechnungen	liegen?
Ich verstehe nicht ganz,	was	ich mit dem Brief	machen soll.
Ich weiß nicht,	ob	ich Sie richtig	verstanden habe.

Typische Formulierungen im Hauptsatz:
Ich weiß nicht, …
Ich bin nicht sicher, …
Ich verstehe nicht, …
Kannst du / Können Sie mir sagen, …
Weißt du / Wissen Sie, …

Rückblick: Lektion 6 und 7

1 Was haben Sie in den Lektionen 6 und 7 gelernt? Was ist für Sie wichtig? Ergänzen Sie die Tabelle.

	Das habe ich im Unterricht gemacht! ✔	Das ist für mich wichtig! ✔	Das kann ich ... ☺ sehr gut ☺ gut ☺ nicht so gut	Das sagt mein/e Kursleiter/in dazu. ☺ ☺ ☺
eine Sicherheitsunterweisung verstehen				
ein Organigramm verstehen				
eine Anfrage schreiben				
jemanden um Hilfe bitten				
das Verstehen sichern				
Telefongespräche annehmen				
eine Telefonnotiz schreiben				
eine Anfrage am Telefon verstehen				
Missverständnisse ansprechen				
einen offiziellen Brief verstehen				

2 Was möchten Sie noch üben und vertiefen? Was können Sie dafür tun? Holen Sie sich auch Tipps von Ihren Lernpartnern und der Kursleitung.

Ich will: ....

....

Dafür kann ich: ....

....

3 Was möchten Sie noch im Kurs machen? Warum? Sprechen Sie im Kurs, machen Sie eine Kursliste und planen Sie gemeinsam.

● Ich weiß bei Problemen manchmal nicht,
   ob es ein Missverständnis gibt oder ob ich
   ein Tabu angesprochen habe?
○ Ich ...

* Tabus in Deutschland?
*

>> Vladimir Smirnow, Ingenieur aus Russland,
28 Jahre, seit 3 Jahren in Deutschland

Herr Smirnow ist als Spätaussiedler nach Deutschland gekommen. Als Kind hat er zu Hause Deutsch gesprochen. Nach einem Deutschkurs hat er hier ein halbes Jahr Praktikum bei einem Autohersteller gemacht. Die Firma hat ihn danach als Maschinenbauingenieur übernommen.

8 | Betriebliche Abläufe

1

a Was denken Sie: Warum hat Herr Smirnow nach dem Praktikum direkt eine Arbeitsstelle bekommen? Was ist am wichtigsten? Lesen Sie und nummerieren Sie.

[ ] Er hat im Praktikum gezeigt, was er kann.
[ ] Er kennt nach einem halben Jahr die wichtigsten Arbeitsabläufe.
[ ] Er hat oft mit seinem Chef Golf gespielt.
[ ] Die Firma muss ihn nicht mehr einarbeiten.
[ ] Er kennt die „Kultur" der Firma.
[ ] Seine Deutschkenntnisse sind besser geworden.
[ ] Er hat im Praktikum eine Aufgabe bekommen, die noch nicht fertig ist.
[ ] Die Firma sucht dringend Ingenieure.

b Vergleichen Sie in der Gruppe. Kennen Sie noch andere Gründe? Diskutieren Sie.

2 Welche Abläufe kann man bei einem längeren Praktikum kennen lernen? Sammeln Sie.

Wie funktioniert das Essen in der Kantine?
Wie läuft die Produktion ab?
...

3 Können Sie sich vorstellen, über ein längeres Praktikum beruflich einzusteigen?
Kennen Sie andere Möglichkeiten, „den Fuß in die Tür zu bekommen"? Tauschen Sie sich aus.

Einige Mitarbeiter in der Produktion eines Unternehmens treffen sich zu einer regelmäßigen Teambesprechung und tauschen sich über wichtige Themen aus.

A | An einer Teambesprechung teilnehmen

1 Haben Sie schon einmal an einer Teambesprechung in Deutschland teilgenommen? Was waren die Themen? Berichten Sie.

TOPs
- Überstunden
-
-
-

2
▶ 35 Hören Sie die Ausschnitte aus der Teambesprechung. Um welche Themen geht es? Ergänzen Sie die Übersicht.

3 **a** Welche Redemittel nutzen die Mitarbeiter? Hören Sie noch einmal und markieren Sie.
▶ 35

Eine Möglichkeit wäre vielleicht … | Ich kann berichten, dass … | Vielleicht könnte man … | Ich denke, … | Bei uns hat sich gezeigt, dass … | Meiner Meinung nach … | Ich schlage vor, dass … | Wir haben die Erfahrung gemacht, dass … | Ich würde … Ist das möglich? | Bei mir war es so: … | Aus meiner Sicht … | Ich würde gern …, wenn es geht. | Ich finde, …

b Ordnen Sie die Redemittel aus 3a den Aktivitäten zu.

1. von der eigenen Situation berichten	2. die eigene Meinung sagen	3. einen Vorschlag machen	4. einen Wunsch äußern

c Kennen Sie weitere passende Redemittel? Ergänzen Sie die Tabelle.

d Was könnten Sie bei einer Teambesprechung in Ihrem Beruf sagen? Wählen Sie zu jeder Aktivität 2 Redemittel aus, formulieren Sie Sätze und korrigieren Sie sich gegenseitig.

Ich würde am liebsten vom 10.-20. August Urlaub machen. Ist das möglich?
Bei uns hat sich gezeigt, dass die Kunden bei den neuen Preisen mehr Trinkgeld geben.

4 **a** Welche Verben stehen im Perfekt? Markieren Sie und ordnen Sie die Infinitive zu.

einführen | planen | fahren | ausmachen | vergessen | ausfallen

1. Ich wollte keine Überstunden machen. Das haben wir so ausgemacht.   *ausmachen*..........

2. Mike ist zwei Tage ausgefallen. Er war krank. ....

3. Wir haben neue Formulare eingeführt. ....

4. Wir sind damit gut gefahren. ....

5. Wir haben das Sommerfest für den letzten Schultag geplant. ....

6. Habt ihr das schon vergessen? ....

b Was haben Sie bei Ihrer letzten Arbeit besonders gern gemacht? Schreiben Sie 5 Sätze im Perfekt. Ihre Lernpartnerin / Ihr Lernpartner markiert die Perfektformen.

> **Perfekt: Partizip Perfekt**
> regelmäßig: Endung -(e)t
> unregelmäßig: Endung -en, oft
> mit Vokalwechsel

c Ordnen Sie die Beispiele für das Partizip Perfekt aus 4a und 4b zu.

ge-...-t/-et	...-ge-...-t	...-t	ge-...-en	...-ge-...-en	...-en
gemacht *gearbeitet*		*verkauft* *telefoniert*	*gegangen*	*angefangen*	*bekommen*

> In Berichten über die Vergangenheit stehen die Modalverben im Präteritum:
> ich wollte / ich konnte / ich musste / ich durfte / ich sollte

5 **Welche Form passt? Unterstreichen Sie.**

1. Ich   musste | mussten | misste   im Juni 20 Überstunden machen.
2. Ich   wolle | wollte | gewollt   eigentlich keine Überstunden machen.
3. Letztes Jahr   können | konnten | konnte   nicht alle zum Sommerfest kommen.

6 **Machen Sie eine Teambesprechung im Kurs. Legen Sie Themen fest. Planen Sie Ihre Beiträge und notieren Sie passende Redemittel. Führen Sie die Teambesprechung durch.**

> 1. Suche von Praktikumsplätzen: Berichte
>
> 2. Themen für die nächste Woche: Wünsche und Vorschläge
>
> 3. Kursfest: Termin
>
> 4. ...

> Herr Smirnow hat verschiedene Aufgaben
> und bekommt von seinem Vorgesetzten
> dafür Arbeitsanweisungen.

B | Mündliche Arbeitsanweisungen verstehen

1

a Um welche Aufgaben könnte es gehen? Was soll Herr Smirnow machen? Sehen Sie die Bilder an und sammeln Sie Ideen.

▶ 36 **b** Worum geht es? Hören Sie und ordnen Sie zu.

Text 1: .... Text 2: .... Text 3: .... Text 4: ....

▶ 36 **c** Worum geht es? Hören Sie noch einmal und beantworten Sie die Fragen.

Was soll Herr Smirnow testen? ....

Wem soll er die Testergebnisse schicken? ....

Was soll er mit der Skizze machen? ....

Wer soll wem antworten? ....

2

a Ergänzen Sie die Übersicht.

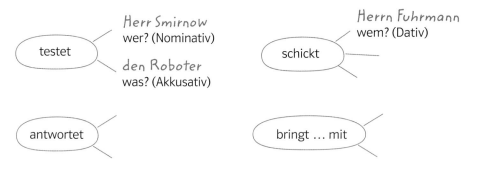

> Das **Verb bestimmt den Kasus** der Nomen im Satz. Die meisten Verben haben ein Subjekt und eine (oder zwei) Ergänzungen.

b In welchem Kasus stehen die Ergänzungen? Ergänzen Sie.

1. Würdest du bitte bis morgen <u>den Werkzeugschrank</u> aufräumen?   = *Akkusativ*...............

2. Helfen Sie bitte <u>Frau Wolf</u> in Zimmer 324 beim Anziehen.   ....

3. Ruf doch bitte <u>den Hausmeister</u> an.   ....

4. Könnten Sie <u>der Praktikantin</u> <u>das E-Mail-Programm</u> erklären?   ....

C | Nachfragen

1

a Wie würden Sie in dieser Situation reagieren? Lesen Sie und kreuzen Sie an.

[ ] Ich mache, was ich verstanden habe. Wenn Fehler passieren, ist das nicht meine Schuld.
[ ] Ich schreibe meine Fragen auf und frage später nach.
[ ] Ich suche mir eine andere Person, die meine Fragen beantworten kann.
[ ] Ich bitte um einen Termin, um meine Fragen zu klären.
[ ] Ich sage, dass mir nicht alles klar ist und ich nicht garantieren kann, alles richtig zu machen.
[ ] Ich mache die Aufgabe nicht.

b Vergleichen Sie Ihre Reaktionen im Kurs und diskutieren Sie Vor- und Nachteile.

● Ich mache die Aufgabe lieber nicht, bevor ich sie falsch mache.
○ Aber dann riskierst du Ärger mit deinem Chef.

2

a Ergänzen Sie die Redemittel zum Nachfragen. Ordnen Sie zu.

Fragen | erklären | nachfragen | Zeit | machen | Informationen

» Ich habe noch ein paar .... Haben Sie einen Moment .... ?

» Mir ist leider noch nicht alles klar. Darf ich kurz .... ?

» Entschuldigung, ich brauche doch noch mehr ....

» Sie haben gesagt, ich soll … Aber was … ?

» Könnten Sie mir das bitte genauer .... ?

» Wie ist das mit …?

» Was soll ich .... ?

b Kennen Sie weitere Redemittel zum Nachfragen? Ergänzen Sie die Liste.

3
Wählen Sie eine Aufgabe aus Ihrem Beruf oder Alltag und spielen Sie zwei Situationen.
Nutzen Sie Redemittel aus 2.

Aufgaben, z. B.:
· Schuhe / Auto putzen
· Kuchen backen
· Maschine reinigen

Situation 1: A erklärt die Aufgabe, B hört zu und geht aus dem Raum.

Situation 2: B bittet um ein Gespräch und fragt nach, A erklärt.

4
Welche Erfahrungen haben Sie mit Nachfragen gemacht? Tauschen Sie sich aus.

> Frau de Winter ist Sachbearbeiterin und neu im Unternehmen. Ein Kunde ruft bei ihr an und beschwert sich. Er hat ein Produkt gekauft, aber die Gebrauchsanleitung dazu fehlt.

D | Ein Qualitätsmanagement-Handbuch lesen

1

a Was muss / sollte bei der Arbeit besonders gut sein? Sammeln Sie.

Kundenkontakt

gute Qualität

Produkte

b Was machen Betriebe, um eine gute Qualität zu sichern? Lesen und ergänzen Sie.

Fehler | Qualität | Formularen | verbessern | zuständig

Viele Betriebe haben ein Qualitätsmanagement (QM). Zum QM gehört alles, was der Betrieb macht, damit die .... immer gleich hoch bleibt. Meistens gibt es ein QM-Handbuch mit .... In diesem Handbuch finden die Mitarbeiter verschiedene Informationen, z. B. wer für welche Aufgabe .... ist oder wie die Arbeit im Betrieb organisiert wird. Die Mitarbeiter müssen oft Formulare ausfüllen und ihre Arbeit dokumentieren. QM hilft auch dabei, schnell .... zu finden und die Abläufe im Betrieb zu ....

2 Wo findet Frau de Winter im QM-Handbuch Informationen zu ihrer Frage?
Lesen Sie die Auszüge aus dem Inhaltsverzeichnis und markieren Sie ein Stichwort.

1. Das Unternehmen
1.1 Geschäftsidee
1.2 Strategie und Organisation
…

2. Prozessbeschreibungen
2.1 Einkauf Lagerartikel
2.2 Service und Reparaturen
2.3 Kundenreklamationen
…

3. Formulare
Arbeitsbericht
Lieferantenbewertung
Fehlermeldung
Mitarbeitergespräch
Urlaubsantrag
…

> Der Kunde hat keine Gebrauchsanleitung bekommen! Was muss ich denn mit dieser Information jetzt machen?

3

a Was muss Frau de Winter mit der Reklamation tun? Lesen Sie und diskutieren Sie.

Ablauf	Tätigkeiten	Zuständigkeit	Input / Output
START	Kundenreklamation zu Produkt (telefonisch, persönlich oder schriftlich)		
Kundenreklamation entgegennehmen	Kundenreklamation entgegennehmen und Projektleiter informieren	alle	Info (mündlich oder schriftlich)
Reklamation bearbeiten	Reklamation im Team besprechen	Projektleiter	Info (mündlich oder schriftlich) Antwort zum Kunden, Info an Team
Verkauf informieren	Schriftl. Reklamationen an Verkauf schicken	Projektleiter	E-Mail, Brief vom Kunden
Kundenbeziehung pflegen	Mit Kunden sprechen	Verkauf	E-Mail, Brief vom Kunden Kontakt mit Kunden
Kundenreklamation sammeln	Kundenreklamationen in Ordner ablegen	Sachbearbeitung	Kopie der Reklamation
Ursachen analysieren, Maßnahmen vereinbaren	Fehler analysieren und Maßnahmen zur Verbesserung festlegen	Team	Verbesserungs-Maßnahmen
ENDE			

b Was passiert mit der Information von Frau de Winter im Betrieb? Lesen Sie noch einmal und kreuzen Sie an.

1. [ ] Der Projektleiter spricht mit dem Kunden.
2. [ ] Frau de Winter legt die Reklamation in einen Ordner.
3. [ ] Das Projektteam diskutiert darüber, wie der Fehler passiert ist.

4 Haben Sie Erfahrungen mit QM-Systemen? Was finden Sie hilfreich, was schwierig?
Tauschen Sie sich aus.

> Herr Schiefer arbeitet in einer Produktionshalle
> und entdeckt ein Problem an seinem Arbeitsplatz.

E | Eine Fehlermeldung schreiben

1

a Wo liegt das Problem? Sehen Sie
die Zeichnung an und diskutieren Sie.

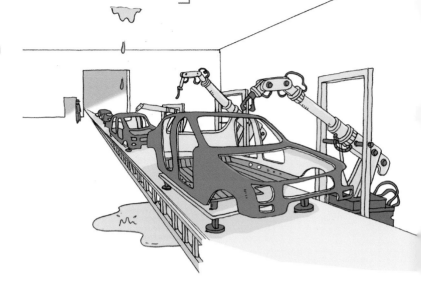

b Ordnen Sie die Wörter zu und
beschriften Sie die Zeichnung.

Decke | Boden | Wasser | tropfen |
Roboter | nass | Fließband |
Produkt (Teil) | …

2 An welche Stelle im Formular passen die Texte? Ordnen Sie zu und füllen Sie das Formular fertig aus.

1. In der Produktionshalle wurde Wasser auf dem Boden entdeckt. Der Roboter ist auch nass,
   die Produktion läuft aber normal. Die gefertigten Teile sind bisher unbeschädigt.
2. Wir haben einen Eimer aufgestellt und das Wasser eingefangen. Produktion und Funktion
   von Fließband und Roboter wurden überprüft.
3. Es tropft von der Decke. Eventuell gibt es einen Wasserschaden im 1. Stock.

Fehler wurde bekannt:
[ ] intern (Mitarbeiter)　　　[ ] extern (Kunde)　　[ ] extern (Lieferant)

Meldung von: ....　　an: *Smirnow*.................　　Datum: ....

Fehlerbeschreibung: ....

....

Fehlerursache: ....

....

Eingeleitete Korrekturmaßnahmen: ....

....

3

a Was ist das Problem? Was könnte der Grund sein? Was können Sie tun?
Wählen Sie eine Situation und sammeln Sie Wörter zur Beschreibung.

· In einer Küche: Die Friteuse funktioniert nicht richtig. Die Pommes frites werden nicht braun.
· In einem Kosmetiksalon funktioniert die Heizung nicht. Die Kundinnen beschweren sich.

b Schreiben Sie eine Fehlermeldung.

> Zuverlässigkeit Eigeninitiative Pünktlichkeit
> Freundlichkeit Teamfähigkeit Motivation
> Interkulturelle Kompetenz Konfliktfähigkeit
> Flexibilität Kundenorientierung Lernbereitschaft

F | Schlüsselqualifikation: Teamfähigkeit

1 **Welche Aufgaben macht man besser im Team, welche allein?**
Diskutieren Sie und schreiben Sie Listen.

IM TEAM
- einen Fehler analysieren
- ...

ALLEIN
- ein Formular ausfüllen
- ...

- Ich finde, Formulare kann man gut allein ausfüllen, da kann man sich besser konzentrieren.
- Echt? Aber im Team macht man bestimmt weniger Fehler.

2 **a Warum ist Teamarbeit wichtig? Was sagt Herr Bosl, Geschäftsführender Vorstand aus München?**
▶ 37 **Hören Sie ein Interview und kreuzen Sie an.**

Wenn man im Team arbeitet ...
[ ] ist die Qualität der Arbeit besser.
[ ] kann man sich gut austauschen.
[ ] arbeitet man weniger.
[ ] tragen alle gemeinsam Verantwortung.

[ ] leistet man mehr.
[ ] kontrolliert man sich gegenseitig.
[ ] bekommt man mehr Geld.
[ ] wird die Arbeit immer besser.

b Wann funktioniert Teamarbeit laut Herrn Bosl nicht? Ergänzen Sie die Sätze.

Konflikte im Team | Arbeit in Hierarchien gewohnt sein

Teamarbeit funktioniert nicht, wenn ....

Teamarbeit ist schwierig, wenn ....

3 **Wie wichtig ist Teamarbeit in Ihrem Herkunftsland? Gibt es Unterschiede zu Deutschland?**
Tauschen Sie sich aus.

4 **a Finden Sie die Personen teamfähig? Lesen Sie und diskutieren Sie.**

1. Eine Kollegin meldet sich nie, wenn Aufgaben verteilt werden.

2. Ein Kollege bietet Hilfe an, wenn jemandem ein Fehler passiert ist.

b Kennen Sie Arbeitssituationen, in denen sich Kollegen teamfähig oder nicht teamfähig verhalten haben? Erzählen Sie und tauschen Sie sich aus.

Wörter und Wendungen: Betriebliche Abläufe

an einer Teambesprechung teilnehmen

die Teambesprechung, -en

das Thema, Themen

der TOP, -s (Tagesordnungspunkt)

die Überstunde, -n Überstunden machen

berichten Ich kann berichten, dass …

vorschlagen Ich schlage vor, dass …

die Erfahrung, -en Wir haben die Erfahrung gemacht, dass …

äußern einen Wunsch äußern

möglich sein Ist das möglich?

ausmachen Das haben wir so ausgemacht.

ausfallen Ein Kollege ist zwei Tage ausgefallen.

einführen

fahren Wir sind damit gut gefahren.

nachfragen

nachfragen Darf ich kurz nachfragen?

reagieren Wie würden Sie in dieser Situation reagieren?

klären eine Frage klären

klar sein Mir ist nicht alles klar.

der Ärger (nur Sg.) Ärger riskieren

bitten um + Akk. um ein Gespräch bitten

ein Qualitätsmanagement-Handbuch lesen

das Qualitätsmanagement (nur Sg.)

das (QM-) Handbuch, ¨er

die Qualität (nur Sg.)

das Dokument, -e

das Formular, -e

dokumentieren die Arbeit dokumentieren

zuständig sein

die Prozessbeschreibung, -en

der Arbeitsbericht, -e

der Urlaubsantrag, ¨e

die Fehlermeldung, -en

der Service (nur Sg.)

die Kundenreklamation, -en eine Kundenreklamation entgegennehmen

der Kundenkontakt, -e

die Ursache, -n Ursachen analysieren

verbessern

die Verbesserung, -en Es müssen Maßnahmen zur Verbesserung vereinbart werden.

ablegen Die Kundenreklamationen werden in einem Ordner abgelegt.

festlegen Es werden Maßnahmen zur Verbesserung festgelegt.

der Ablauf, ¨e

die Zuständigkeit, -en

eine Fehlermeldung schreiben

die Meldung, -en

die Fehlerbeschreibung, -en

die Fehlerursache, -n

die Korrekturmaßnahme, -n

der Lieferant, -en

das Problem, -e Wo liegt das Problem?

einleiten Sie leitet die Maßnahmen ein.

funktionieren Der Ablauf funktioniert nicht richtig.

normal laufen Die Produktion läuft normal.

unbeschädigt Die gefertigten Teile sind unbeschädigt.

überprüfen Die Produktion wird überprüft.

bekannt werden

Markieren Sie Wörter und Wendungen, die Sie nicht verstehen. Wo stehen sie in der Lektion? Verstehen Sie sie im Kontext? Wenn Sie Hilfe brauchen, fragen Sie Ihre Lernpartner oder Ihre Kursleitung.

Welche 7 Wörter möchten Sie sich merken? Wählen Sie aus und erklären Sie Ihrer Lernpartnerin / Ihrem Lernpartner die Bedeutung der Wörter.

Grammatik im Überblick

Verben im Perfekt

	haben / sein		Partizip Perfekt
Ich	habe	im Juni viele Überstunden	gemacht.
Wir	sind	mit den Formularen gut	gefahren.

Partizip Perfekt:

Regelmäßige Verben			Unregelmäßige Verben		
ge-...-t/-et	...-ge-...-t	...-t	ge-...-en	...-ge-...-en	...-en
gemacht	ausgemacht	verkauft	gefahren	angefangen	bekommen
geplant	eingeführt	telefoniert	gegangen	ausgefallen	vergessen
gearbeitet			getrunken		

Bei regelmäßigen Verben mit *-d* oder *-t* am Ende des Stamms ist die Endung *-et*: gearbeitet
Bei allen Verben auf *-ieren* bildet man das Partizip nach dem Muster: … -t.
Bei den unregelmäßigen Verben ändert sich oft der Stammvokal: trinken → getrunken
Es gibt auch einige Mischformen (Endung *-t*, aber Vokalwechsel): gedacht, gewusst, gebracht

Modalverben im Präteritum

Für *haben*, *sein* und die Modalverben verwendet man in Berichten und Erzählungen das Präteritum.

Infinitiv: wollen			
Singular		**Plural**	
ich wollte		wir wollten	
du wolltest	Sie wollten (formell)	ihr wolltet	Sie wollten (formell)
er / es / sie wollte		sie wollten	

Ebenso: sollen → ich sollte, …

Infinitiv: können			
Singular		**Plural**	
ich konnte		wir konnten	
du konntest	Sie konnten (formell)	ihr konntet	Sie konnten (formell)
er / es / sie konnte		sie konnten	

Auch mit Vokalwechsel: müssen → ich musste, …; dürfen → ich durfte, …

Nomen im Satz

Nomen haben verschiedene Funktionen im Satz. Sie können Subjekt sein (Nominativ) oder Ergänzung (Akkusativ, Dativ). Das Verb bestimmt die Art der Ergänzung.

Wer ist hier der Teamleiter?	sein (nur Nom.)	wer?
Herr Smirnow kontrolliert den Roboter.	kontrollieren + Akk.	wen? / was?
Herr Smirnow antwortet dem Kunden.	antworten + Dat.	wem? / was?
Herr Smirnow schickt dem Kollegen eine Datei.	schicken + Dat. + Akk.	wem? / was?, wen? / was?

Szenario: Lektion 7 und 8

Lesen Sie die Situationsbeschreibung. Verteilen Sie die Rollen. Bereiten Sie die Aufgaben vor: Suchen Sie passenden Wortschatz und Redemittel. Ihre Kursleitung hilft Ihnen bei der Auswahl der Materialien und bei Fragen. Üben Sie die einzelnen Schritte und üben Sie dann das komplette Szenario.

Situation:

Eine Person arbeitet in einer Molkerei und nimmt ein Telefongespräch an. Sie erfährt, dass bei der Abfüllung von Joghurt das Mindesthaltbarkeitsdatum (MHD) falsch gedruckt wurde. Sie schreibt eine Telefonnotiz und füllt eine Fehlermeldung aus. Dann liest sie eine Einladung zur Teamsitzung. Auf der Teamsitzung berichtet sie von dem Problem.

Material / Notizen (Kursleitung)

Schritt 1 ein Telefongespräch annehmen

→ Notizen mit Stichworten zum Problem

Person
- nimmt einen Anruf an
- fragt nach und notiert Informationen
- reagiert auf die Bitte

Kollege / Kollegin aus der Produktion
- sagt, dass das MHD falsch aufgedruckt wurde
- bittet darum, die / den Vorgesetzte/n zu informieren

Schritt 2 eine Telefonnotiz schreiben

→ Formular Telefonnotiz

Person
- schreibt eine Telefonnotiz für die / den Vorgesetzte/n

Vorgesetzte/r
- liest die Telefonnotiz
- fragt, was er / sie nicht versteht

Schritt 3 eine Fehlermeldung schreiben

→ Formular Fehlermeldung

Person
- schreibt eine Fehlermeldung

Vorgesetzte/r
- liest die Fehlermeldung

Schritt 4 einen offiziellen Brief verstehen

→ Einladung zu einer Teamsitzung mit TOPs

Person
- liest eine Einladung zur Teamsitzung

Schritt 5 an einer Teambesprechung teilnehmen

Person
- berichtet von dem Problem
- sagt ihre Meinung
- macht einen Vorschlag

3 – 4 Kollegen
- fragen nach
- sagen ihre Meinung
- machen Vorschläge

>> Grace Mukamana, Systemadministratorin aus Ruanda, 50 Jahre, seit 23 Jahren in Deutschland

Grace Mukamana ist für ein Informatikstudium nach Deutschland gekommen. Hier hat sie ihren Mann kennen gelernt. Sie hat drei Kinder bekommen und das Studium abgebrochen. Als die Kinder älter waren, hat sie eine Umschulung zur IT-System-Elektronikerin gemacht. Heute arbeitet sie als Systemadministratorin.

9 | Technik am Arbeitsplatz

Eine Umschulung ist eine verkürzte Ausbildung. Die Agentur für Arbeit fördert eine Umschulung unter bestimmten Voraussetzungen.

1 a **Wofür interessiert sich Frau Däubler, eine Bekannte von Frau Mukamana?**
▷ 38 **Hören Sie und kreuzen Sie an.**

[ ] Das Studium   [ ] Die Umschulung   [ ] Die Arbeit   von Grace Mukamana.

▷ 38 b **Richtig oder falsch? Hören Sie noch einmal und kreuzen Sie an.**

	richtig	falsch
1. Frau Mukamana musste sich arbeitssuchend melden.	[ ]	[ ]
2. Sie hat einen Bildungsgutschein bekommen.	[ ]	[ ]
3. Ihre Arbeitsvermittlerin hat sie für eine Umschulung angemeldet.	[ ]	[ ]
4. Frau Mukamana hat den Kurs in einer Broschüre gefunden.	[ ]	[ ]
5. Die Agentur für Arbeit hat den Kurs bezahlt.	[ ]	[ ]

2 a **Welche Erfahrungen haben Sie mit der Agentur für Arbeit? Haben Sie schon eine Förderung bekommen? Berichten Sie.**

b **Haben Sie Tipps für die Gespräche? Tauschen Sie sich aus.**

● Ich finde, man muss sich vorher gute Argumente überlegen.
○ Stimmt, und auf jeden Fall alle Fragen stellen, die man hat.

3 **Suchen Sie auf der Internetseite der Agentur für Arbeit unter KURSNET eine Umschulung, die für Sie interessant ist.**

> Herr van Dijk hat ein Problem mit dem Computer.
> Er ruft die Systemadministratorin, Frau Mukamana,
> an und bittet um Hilfe.

A | Rückfragen und Anweisungen verstehen

1

a Herr van Dijk hat vor dem Gespräch Notizen gemacht. Wo hat er Wörter dafür gesucht?
Sehen Sie die Bilder an. Was nutzen Sie auch?

Computer und Internet

der **Laptop** — die Laptops

der **Computer** — die Computer/
der **Rechner** — die Rechner

die **Maus** — die Mäuse

der **Drucker** — die Drucker

der **Monitor** — die Monitore/
der **Bildschirm** — die Bildschirme

das **Kabel** — die Kabel

die **Tastatur** — die Tastaturen

ein·schal·ten ‹schaltest ein, schaltete ein, hat eingeschaltet› I. *mit OBJ jmd. schaltet etwas ein* **1.** *in Betrieb setzen* Schalte doch bitte das Licht/den Fernseher ein.

🔍 printer

Niederländisch <> Deutsch

printer
Drucker

Drucker: HP 6500
Druckauftrag

eingeschaltet
installieren

b Welche Wörter könnten noch hilfreich sein? Ergänzen Sie die Notizen.

c Was denken Sie: welche Fragen stellt Frau Mukamana? Machen Sie Notizen in Ihrer Muttersprache und übersetzen Sie.

....

....

....

2 **a** Was funktioniert nicht? Hören Sie den ersten Teil des Gesprächs und notieren Sie.

▶ 39

▶ 39 **b** Welche Fragen stellt Frau Mukamana? Hören Sie noch einmal und kreuzen Sie an.

[ ] 1. Sie haben einen Druckauftrag abgeschickt, bekommen aber keinen Ausdruck?
[ ] 2. Ist der Drucker denn eingeschaltet?
[ ] 3. Haben Sie geprüft, ob Papier im Drucker ist?
[ ] 4. Haben Sie einen Drucker im Büro?
[ ] 5. Gehen Sie in das Menü „Drucken". Welcher Drucker steht da?
[ ] 6. Sie haben den Drucker HP 6500 im Büro, oder?

3 Was sagt Herr van Dijk, um zu zeigen, dass er die Anweisungen von Frau Mukamana befolgt hat?

▶ 40 Hören Sie den zweiten Teil des Gesprächs und kreuzen Sie an.

[ ] Okay, hab ich gemacht.　　[ ] In Ordnung.　　[ ] Ich bin doch nicht blöd.
[ ] Ja, das sehe ich.　　[ ] Ganz genau.　　[ ] Erledigt.
[ ] Einen Moment.　　[ ] Gern geschehen.　　[ ] Ah ja, verstehe.

4 **a** Welcher Artikel passt? Lesen Sie und markieren Sie.

1. Sie haben　einen | ein　Druckauftrag abgeschickt, bekommen aber　keinen | kein Ausdruck?
2. Ich sehe hier　eine | ein　Liste. Mein | Meinen Drucker steht da aber nicht.
3. Haben Sie　den | der　Drucker HP 6500 im Büro?
4. Dann müssen wir　die | eine　Druckereinstellungen ändern.
5. Hier finden Sie　einen | ein　Symbol für den HP 6500.
6. Klicken Sie　das | den　Symbol an.
7. Machen Sie　einen | eine　Probedruck.

> Deklination:
> Nominativ und Akkusativ
> Die Formen der Artikel sind in Nominativ und Akkusativ oft gleich.
> Nur maskulin sind die Formen unterschiedlich.

b Ergänzen Sie die passenden Formen aus 4a in der Tabelle.

	maskulin	neutral	feminin	Plural
Nominativ	der / ein / kein / …………	………… / kein / mein	die ………… / keine / meine	die — / keine / meine
Akkusativ	………… ………… / ………… / meinen			

5 Lesen Sie die Fragen und machen Sie sich Notizen zu möglichen Antworten. Üben Sie.
Eine Person fragt, die andere antwortet. Tauschen Sie die Rollen.

Heißt das Ihr Bildschirm ist schwarz?
Ist der Bildschirm denn eingeschaltet?
Und der Rechner auch?
Haben Sie die Sicherung schon überprüft?
Sehen Sie das Verbindungskabel vom Rechner zum Bildschirm?
Ist es in Ordnung?

> Sie bitten bei der Arbeit einen Kollegen / eine Kollegin um einen Gegenstand. Leider kennen Sie das Wort dafür nicht oder es fällt Ihnen im Moment nicht ein.

B | Wörter umschreiben

1

a Was ist gemeint? Lesen und verbinden Sie.

A

B

1. Gib mir mal bitte das Werkzeug da, mit dem man Schrauben drehen kann.

3. Hast du so ein Teil aus Stoff für heiße Töpfe?

2. Ich brauch das Dingsbums da für die Blumen.

D

C

E

5. Kann ich mal das, äh, … haben? Du weißt schon, was ich meine.

4. Wie heißt noch mal das lange dünne Brot da?

b Wie erklären die Personen in 1a das unbekannte Wort? Ordnen Sie zu.

[ ] einen Oberbegriff nutzen
[ ] sagen, was man damit machen kann
[ ] sagen, wie es aussieht

[ ] ein Füllwort ohne Bedeutung nutzen
[ ] das Wort weglassen
[ ] das Material nennen

c Welche Strategie finden Sie besonders hilfreich? Kennen Sie andere Möglichkeiten oder Formulierungen (z. B. andere Füllwörter)? Tauschen Sie sich aus.

2

a Kennen Sie die Wörter? Schlagen Sie die Bedeutung im Wörterbuch nach.

Unterlegscheibe | Fenchel | Korkenzieher

b Zu welcher Situation passen die Wörter aus 2a. Lesen Sie und ordnen Sie zu.

A: Sie arbeiten in einer Küche und kochen ein Gericht mit verschiedenen Gemüsesorten.

B: Sie arbeiten in einer Werkstatt. Sie liegen unter einem Auto und brauchen Material.

C: Sie arbeiten in einem Kaufhaus und füllen Regale mit Haushaltswaren ein. Sie möchten, dass Ihnen Ihr Kollege Dinge gibt.

c Wie können Sie die Gegenstände in der Situation umschreiben? Üben Sie verschiedene Varianten und spielen Sie die Szenen.

> Frau Mukamana möchte neue Tastaturen bestellen
> und ruft bei einem Händler für PC und Zubehör an.

C | Telefonisch etwas bestellen

1

 41

a **Wie sollen die Tastaturen sein? Hören Sie das Telefongespräch und markieren Sie.**

schwarz | weiß   mit Kabel | kabellos   ergonomisch | flach

 41 **b** **Welche Frage stellt Frau Mukamana nicht? Hören Sie noch einmal und streichen Sie sie durch.**

» Haben Sie welche im Angebot?   » Wie sieht es mit Skonto aus?

» Brutto oder netto?   » Ist die Lieferung im Preis inbegriffen?

» Können Sie uns noch einen Rabatt geben?   » Können Sie mir das Angebot schriftlich zuschicken?

c **Gibt es weitere Fragen, die Sie bei einer Bestellung wichtig finden? Diskutieren Sie und ergänzen Sie die Liste in 1b.**

2

a **Wählen Sie eine Situation, bereiten Sie ein Gespräch vor und spielen Sie es.**

Situation 1:

> **A:** Sie arbeiten in einem Friseursalon und brauchen 5 neue Haartrockner. Machen Sie eine Bestellung am Telefon.

> **B:** Sie sind Lieferant/in für Friseurprodukte. Ein Kunde / Eine Kundin ruft an und möchte etwas bestellen. Sie dürfen keinen Rabatt geben.

Situation 2:

> **A:** Sie bestellen beim Bäcker für eine Betriebsfeier belegte Brötchen und Gebäck für 50 Personen.

> **B:** Sie sind Inhaber/in einer Bäckerei. Ein Kunde / Eine Kundin bestellt Gebäck und Brötchen für 50 Personen. Geben Sie Rabatt.

» Ich möchte gern … bestellen.
» Wir bräuchten bis …
» Ich kann Ihnen folgendes Angebot machen: …
» Ich kann Ihnen … anbieten.
» Das ist in Ordnung. Einverstanden.
» Tut mir leid, das kann ich nicht machen.
» Ich kann nichts versprechen, frage aber nach.

b **Sind Sie als Person A mit dem Angebot und als Person B mit dem Geschäft zufrieden? Tauschen Sie sich mit anderen Paaren aus.**

3

Sind Rabatte in Ihrem Herkunftsland üblich? Gibt es feste Preise oder kann man handeln? Gibt es Unterschiede zwischen privat und beruflich? Tauschen Sie sich aus.

> Sie haben vier Wochen Urlaub und möchten eine Information auf Ihren Anrufbeantworter sprechen. Sie suchen in der Bedienungsanleitung, wie das geht.

D | Einer Bedienungsanleitung folgen

1

a Unter welcher Überschrift finden Sie passende Informationen zu Ihrer Frage? Kreuzen Sie an.

[ ] Gespräch vom Anrufbeantworter übernehmen
[ ] Anrufbeantworter ein- / ausschalten
[ ] Eigene Ansage aufnehmen
[ ] Nachrichten anhören / löschen

b Was passt wo? Lesen Sie die Bedienungsanleitung und ordnen Sie die Überschriften aus 1a zu.

Anrufbeantworter bedienen

1. ....

**Menu ▸ Anrufbeantw. ▸ OK ▸ Aktivierung ▸ OK
(✔ = ein)**
Bei eingeschaltetem Anrufbeantworter wird im Display das Symbol ♋ angezeigt.

2. ....

**Menu ▸ Anrufbeantw. ▸ OK ▸ Ansagen ▸ OK ▸
Ansage aufnehmen ▸ OK ▸ Aufnahme starten? ▸ OK**
Sie hören den Bereitton (kurzer Ton). Die Ansage jetzt aufsprechen. Aufnahme mit **OK** bestätigen, mit
☎ oder ⟲ verwerfen. Nach der Aufnahme wird die Ansage zur Kontrolle wiedergegeben.
Bitte beachten Sie:
Die Aufnahme wird automatisch beendet, wenn die max. Aufnahmedauer von 170 Sek. erreicht ist oder eine Sprechpause länger als 2 Sek. dauert.

3. ....

Öffnen Sie die Anrufbeantworterliste, um Nachrichten wiederzugeben.
Einzelne Nachricht löschen:
Während der Nachrichtenwiedergabe Displaytaste
<C drücken.
Alle alten Nachrichten löschen:
**Menu ▸ Alt List löschen ▸ OK ▸ Sicherheitsabfrage
bestätigen**

4. ....

Während der Anrufbeantworter einen Anruf aufzeichnet, können Sie das Gespräch noch entgegennehmen:
Menu ▸ Abheben ▸ OK
Die Aufzeichnung wird abgebrochen und Sie können mit dem Anrufer sprechen.

---

c Welche Wörter haben Ihnen geholfen, die passende Überschrift zu finden?
Markieren und vergleichen Sie.

2 Lesen Sie noch einmal den Abschnitt „Eigene Ansage aufnehmen" und beantworten Sie die Fragen.

1. Wie oft müssen Sie auf OK drücken, bis Ihre Ansage fertig ist?
2. Wann können Sie anfangen zu sprechen?
3. Was müssen Sie tun, wenn Ihnen Ihre Ansage nicht gefällt?
4. Wie lange können Sie sprechen?

3 Welche Sätze haben dieselbe Bedeutung? Kreuzen Sie an.

1. Displaytaste <C drücken.
    a. [ ] Drücken Sie die Displaytaste <C.
    b. [ ] Die Displaytaste <C wird gedrückt.

2. Die Ansage jetzt aufsprechen.
    a. [ ] Sie haben die Ansage jetzt aufgesprochen.
    b. [ ] Sprechen Sie die Ansage jetzt auf.

3. Aufnahme mit OK bestätigen.
    a. [ ] Die Aufnahme bestätigt mit OK.
    b. [ ] Bestätigen Sie die Ansage mit OK.

4 **a** Wissen Sie, wie Sie die Ansage auf der Mailbox Ihres Handys ändern können? Probieren Sie es aus. Können Sie die Aufgabe ohne Bedienungsanleitung lösen?

> In Anleitungen stehen Aufforderungen und Anweisungen oft im Infinitiv. Die Sätze haben dieselbe Bedeutung wie der Imperativ.

b Bringen Sie die Bedienungsanleitung mit. Sie finden Sie auch im Internet. Lesen Sie nach. Wie sind Sie vorgegangen? Was steht im Text? Vergleichen Sie.

5 **a** Welchen Text würden Sie an einem Arbeitsplatz in Deutschland auf den Anrufbeantworter sprechen? Notieren Sie.

b Welche Informationen kommen in Ihren Texten vor? Vergleichen Sie.

1. Begrüßung, Firma, Name
2. Information, dass Sie gerade nicht erreichbar sind
3. Bitte, eine Nachricht zu hinterlassen
4. Versprechen, dass Sie zurückrufen
5. Abschiedsgruß

c Überarbeiten Sie Ihre Ansagen und sprechen Sie sie sich gegenseitig vor. Kann man Sie gut verstehen? Geben Sie sich Tipps.

- Du solltest etwas lauter sprechen.
- …

> Der Softwarehersteller John Clifton möchte Frau Mukamana ein neues Produkt vorstellen. Um einen Termin zu vereinbaren, schreibt er eine E-Mail. Frau Mukamana antwortet ihm.

E | Schriftlich Termine vereinbaren

1 **Was kann Herr Clifton, was Frau Mukamana in der E-Mail schreiben? Sammeln Sie.**

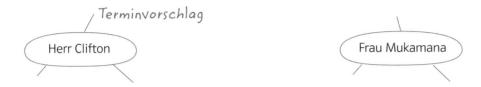

Terminvorschlag

(Herr Clifton)

(Frau Mukamana)

2 **a Ergänzen Sie die Lücken in den E-Mails. Einige Wörter passen mehrfach.**

anbieten | anrufen | bestätigen | freue | passen | vereinbaren | vorstellen | vielen Dank

---

Sehr geehrte Frau Mukamana,
wir haben unsere Software weiterentwickelt und möchten Ihnen gern
die Version XZ2020 .... Dafür würde ich gern mit Ihnen
einen Termin ....
Folgende Termine könnte ich Ihnen ....: den 10.10. um
14 Uhr, den 17.10. um 9 Uhr oder den 21.10. um 11 oder 15 Uhr. Ich
würde mich freuen, wenn Sie mir einen der Termine ....
Sollte Ihnen keiner meiner Vorschläge ...., können Sie
mich auch gern .... im Voraus.
Ich .... mich, wenn es klappt.
Mit freundlichen Grüßen
John Clifton, Software-Entwickler, Software-Fritz AG

Sehr geehrter Herr Clifton,
.... für Ihre E-Mail. Ich .... mich sehr, dass Sie
uns Ihre neue Software .... möchten. Der Termin am 10.10.
um 14 Uhr würde bei uns gut .... Ich möchte ihn hiermit
....
Wenn Sie noch Fragen haben, können Sie mich gern ....
Mit freundlichen Grüßen
Grace Mukamana

---

b Welche Formulierungen sind höflich? Diskutieren und unterstreichen Sie.

3 **a Wählen Sie eine Situation und schreiben Sie E-Mails. Antworten Sie sich gegenseitig.**

1. Möbelhändler möchte mit Kunde einen Termin für den Einbau einer neuen Küche
2. Altenpflegerin möchte Termin mit Sohn einer Pflegebedürftigen, um Probleme zu besprechen

b Vergleichen Sie Ihre E-Mails. Welche Unterschiede gibt es, welche Gemeinsamkeiten? Welche Formulierungen gefallen Ihnen besonders gut? Notieren Sie sie.

Teamfähigkeit Eigeninitiative Pünktlichkeit Freundlichkeit
Zuverlässigkeit Interkulturelle Kompetenz Motivation
Konfliktfähigkeit Lernbereitschaft Flexibilität
Kundenorientierung

F | Schlüsselqualifikation: Lernbereitschaft

1 **Was meinen Sie: Warum ist Lernbereitschaft im Beruf wichtig? Kreuzen Sie an.**

[ ] Weil sich das Wissen auf der Welt alle 5 Jahre verdoppelt.
[ ] Weil berufliches Wissen schnell veraltet.
[ ] Weil Menschen alle 5 Jahre die Hälfte ihres Wissens vergessen.

2 **a Welche Gründe nennen die Personen für das Weiterlernen im Beruf? Lesen Sie die Beiträge aus einem Internetforum und markieren Sie.**

>>>> **IT-EXPERT**>>>>
Ich arbeite in der IT-Branche. Da gibt es ständig neue Hard- und Software. Deshalb muss ich immer am Ball bleiben, selbstständig und auf Fortbildungen.

>>>> **BAUERCARL**>>>>
Ich bin Landwirt und leite unseren Familienbetrieb, den wir schon seit über 100 Jahren haben. Trotzdem muss ich mich ständig weiterbilden und vor allem Fachzeitschriften lesen. Das liegt an den EU-Normen, die sich dauernd ändern.

>>>> **MAJA**>>>>
Ich arbeite in einem Seniorenheim. Wir haben ein QM-System eingeführt. Deswegen haben wir eine Weiterbildung gemacht.

>>>> **KOCHLÖFFEL**>>>>
Von Beruf bin ich Koch und arbeite in einem großen Restaurant. Vor drei Monaten hat der Geschäftsführer gewechselt. Der neue hat ein neues Konzept entwickelt mit vielen veganen Gerichten. Da habe ich erst mal einen Kurs dazu besucht.

>>>>**STEUERFEE**>>>>
Die Steuergesetze ändern sich ständig. Als Sachbearbeiterin in einer Steuerkanzlei muss ich da auch Bescheid wissen und mich fortbilden.

b Kennen Sie weitere Gründe für lebenslanges Weiterlernen? Tauschen Sie sich aus.

3 **a Wer zeigt Lernbereitschaft? Lesen Sie die Aussagen und diskutieren Sie.**

1. Das haben wir schon immer so gemacht! Warum soll ich es jetzt ändern?

2. Für den Kurs habe ich leider keine Zeit. Ich arbeite viel und habe Kinder.

3. Ich bin arbeitslos. Soll ich eine Fortbildung machen?

b Wie können Sie in Ihrer aktuellen Situation Lernbereitschaft zeigen?
Was können Sie tun, um sich weiterzubilden? Tauschen Sie sich aus.

Wörter und Wendungen: Technik am Arbeitsplatz

Rückfragen und Anweisungen verstehen
drucken
der Drucker, -
der Druckauftrag, ⸚e einen Druckauftrag abschicken
der Ausdruck, -e
der Bildschirm, -e
der Rechner, -
eingeschaltet sein Ist der Drucker eingeschaltet?
prüfen Haben Sie geprüft, ob …?
das Menü, -s Gehen Sie in das Menü …!
die Einstellungen (nur Pl.) Wir müssen die Druckereinstellungen ändern.
anklicken Klicken Sie das Symbol an.
in Ordnung sein In Ordnung.
genau Ganz genau.
erledigen Erledigt.

Wörter umschreiben
umschreiben
das Werkzeug, -e Gib mir mal bitte das Werkzeug, mit dem man …
das Dingsbums (nur Sg.) Ich brauch das Dingsbums da …
das Teil, -e Hast du so ein Teil aus / zum …?
aus aus Stoff, aus Plastik
für ein Ding für Blumen
heißen Wie heißt noch mal …?
wissen Du weißt schon, was ich meine.

telefonisch etwas bestellen
bestellen Wir möchten gerne … bestellen.
das Angebot, -e Ich kann Ihnen folgendes Angebot machen.

im Angebot haben Haben Sie … im Angebot?
brutto
netto
der Rabatt, -e Können Sie uns einen Rabatt geben?
der / das Skonto, -s
die Lieferung, -en
der Preis, -e
inbegriffen im Preis inbegriffen
zuschicken Können Sie mir das Angebot schriftlich zuschicken?

einer Bedienungsanleitung folgen
die Bedienungsanleitung, -en
bedienen Anrufbeantworter bedienen
einschalten
ausschalten
löschen
anzeigen Das Symbol … wird im Display angezeigt.
beachten Bitte beachten Sie: …
öffnen
drücken Taste … drücken

schriftlich Termine vereinbaren
vereinbaren einen Termin vereinbaren
anbieten Folgende Termine könnte ich Ihnen anbieten: …
bestätigen Hiermit bestätige ich den Termin am …
passen Der Termin würde mir gut passen.
anrufen Wenn Sie noch Fragen haben, können Sie mich gern anrufen.
sich freuen Ich freue mich, wenn es klappt.

Markieren Sie Wörter und Wendungen, die Sie nicht verstehen. Wo stehen sie in der Lektion? Verstehen Sie sie im Kontext? Wenn Sie Hilfe brauchen, fragen Sie Ihre Lernpartner oder Ihre Kursleitung.

Welche 7 Wörter möchten Sie sich merken? Wählen Sie aus und machen Sie ein Quiz. Umschreiben Sie die Wörter und lassen Sie Ihre Lernpartner raten.

Grammatik im Überblick

Deklination: Nominativ und Akkusativ

Bestimmter Artikel

	maskulin	neutral	feminin	Plural
Nominativ	der Drucker	das Symbol	die Liste	die Einstellungen
Akkusativ	**den** Drucker			

Unbestimmter Artikel

	maskulin	neutral	feminin	Plural
Nominativ	ein Drucker	ein Symbol	eine Liste	— Einstellungen
Akkusativ	**einen** Drucker			

Negativartikel

	maskulin	neutral	feminin	Plural
Nominativ	kein Drucker	kein Symbol	keine Liste	keine Einstellungen
Akkusativ	**keinen** Drucker			

Possessivartikel

	maskulin	neutral	feminin	Plural
Nominativ	mein / … Drucker	mein / … Symbol	meine / … Liste	meine / … Einstellungen
Akkusativ	**meinen** / … Drucker			

ich	du	er	es	sie	wir	ihr	sie	Sie (formell)
mein/e	dein/e	sein/e	sein/e	ihr/e	unser/e	euer / eure	ihr/e	Ihr/e

Infinitivsätze als Anweisungen

In Gebrauchsanweisungen und anderen Anleitungen (z. B. auf Automaten, Kochrezepte) kommt oft der Infinitiv vor, um zu beschreiben, was man tun soll.

OK-Taste drücken	=	Drücken Sie die OK-Taste!
Die Ansage jetzt aufsprechen	=	Sprechen Sie die Ansage jetzt auf!
Aufnahme mit OK bestätigen	=	Bestätigen Sie die Aufnahme mit OK!

Rückblick: Lektion 8 und 9

1 Was haben Sie in den Lektionen 8 und 9 gelernt?
Was ist für Sie wichtig? Ergänzen Sie die Tabelle.

	Das habe ich im Unterricht gemacht! ✔	Das ist für mich wichtig! ✔	Das kann ich ... ☺ sehr gut ☹ nicht so gut	Das sagt mein/e Kursleiter/in dazu. ☺ ☹
an einer Teambesprechung teilnehmen				
mündliche Arbeitsanweisungen verstehen				
nachfragen				
ein Qualitätsmanagement-Handbuch lesen				
eine Fehlermeldung schreiben				
Rückfragen und Anweisungen verstehen				
Wörter umschreiben				
telefonisch etwas bestellen				
einer Bedienungsanleitung folgen				
schriftlich Termine vereinbaren				

2 Was möchten Sie noch üben und vertiefen? Was können Sie dafür tun? Holen Sie sich auch Tipps
von Ihren Lernpartnern und der Kursleitung.

Ich will: ....

....

Dafür kann ich: ....

....

3 Was möchten Sie noch im Kurs machen? Warum? Sprechen Sie im Kurs, machen Sie eine Kursliste
und planen Sie gemeinsam.

● Ich würde gerne üben, wie man etwas schriftlich
bestellt, per Mail oder mit einem Formular.

○ …

* schriftliche Bestellung
(Mail, Formular)

*

>> Antonios Karadimas, Krankenpfleger aus Griechenland, 45 Jahre, seit 4 Monaten in Deutschland

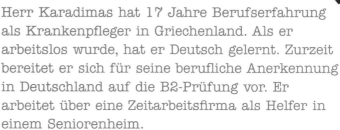

Herr Karadimas hat 17 Jahre Berufserfahrung als Krankenpfleger in Griechenland. Als er arbeitslos wurde, hat er Deutsch gelernt. Zurzeit bereitet er sich für seine berufliche Anerkennung in Deutschland auf die B2-Prüfung vor. Er arbeitet über eine Zeitarbeitsfirma als Helfer in einem Seniorenheim.

10 | Zeit im Arbeitsleben

1

a Welche Vorteile hat Zeitarbeit für Herrn Karadimas?
Lesen Sie die Stichworte und diskutieren Sie.

Arbeitsstellen und Arbeitgeber kennen lernen | sozial abgesichert arbeiten | Teilzeit möglich |
Chance auf Übernahme | berufliche Erfahrungen sammeln | Bezahlung nach Tarif |
unbefristeter Arbeitsvertrag | Einstieg in den Arbeitsmarkt schaffen | sich weiter qualifizieren | …

- Er kann später eine feste Stelle in dem Seniorenheim bekommen.
○ …

b Hat Zeitarbeit auch Nachteile? Welche? Sammeln Sie und tauschen Sie sich aus.

„Zeitarbeit ist moderner Sklavenhandel"

- Zeitarbeiter bekommen oft weniger Geld als die anderen.
○ …

2 Können Sie sich vorstellen, für eine Zeitarbeitsfirma zu arbeiten? Warum (nicht)? Erzählen Sie.

3 Haben Sie Erfahrungen mit Zeitarbeit, in Deutschland oder in anderen Ländern?
Tauschen Sie sich aus.

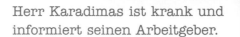

Herr Karadimas ist krank und informiert seinen Arbeitgeber.

A | Sich krankmelden

1 **Was ist eine Arbeitsunfähigkeitsbescheinigung (AU)?**
Diskutieren Sie.

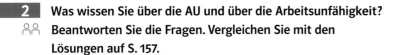

2 **Was wissen Sie über die AU und über die Arbeitsunfähigkeit?**
Beantworten Sie die Fragen. Vergleichen Sie mit den
Lösungen auf S. 157.

1. Ab welchem Krankheitstag muss dem Arbeitgeber normalerweise eine AU vorliegen?
2. Ab welchem Krankheitstag kann der Arbeitgeber eine AU verlangen?
3. Eine AU hat zwei Blätter. Wer bekommt sie?
4. Wie heißt die zweite AU für die gleiche Krankheit?
5. Wie lange bezahlt der Arbeitgeber das Gehalt bei einer Krankheit weiter (Fortzahlung)?
6. Wer zahlt nach dieser Zeit? Wie viel?

3 **Wie kann sich Herr Karadimas krankmelden? Was ist (un)angemessen? Warum?**
Lesen und diskutieren Sie.

1. Guten Morgen, Frau Ponte, hier Karadimas. Ich bin leider krank.
2. Hallo Pepe, hier Toni. Ich bin krank. Sagst du dem Chef Bescheid?
3. Hallo Frau Ponte, hier Karadimas. Ich bin seit gestern krank.
4. Hallo, mein Papa ist krank, der Herr Karadimas.
5. Guten Morgen, hier ist Karadimas. Mein Mann ist im Krankenhaus.

• Nummer … ist unangemessen. Man muss sich am ersten Tag vor Arbeitsbeginn krankmelden.

4 **a Bringen Sie die Krankmeldung in die richtige Reihenfolge. Nummerieren Sie.**

[1] Wohnen im Alter, Ponte, guten Morgen.
[ ] Ja, bitte. Sagen Sie ihm, dass ich jetzt zum Arzt gehe und mich morgen wieder melde.
[ ] Auf Wiederhören!
[ ] Guten Morgen, Herr Karadimas. Das tut mir aber leid.
[ ] Guten Morgen, Frau Ponte. Ich bin leider krank.
[ ] Er ist noch nicht im Haus. Soll ich ihm Bescheid sagen?
[ ] Können Sie mich bitte mit Herrn Kaiser verbinden?
[ ] Richte ich aus. Gute Besserung. Auf Wiederhören!

b Variieren Sie. Spielen Sie Dialoge und melden Sie sich krank.

5 **Haben Sie sich schon einmal in Deutschland krankgemeldet? Wie sind Ihre Erfahrungen?**
Gibt es Unterschiede zu Ihrem Herkunftsland? Tauschen Sie sich aus.

In einem Drogeriemarkt ist eine Verkäuferin eine Woche lang krank. Das Team muss die Vertretung für die Kollegin organisieren.

Frau Meier ist krank. Wer kann die Vertretung übernehmen?

B | Absprachen im Team verstehen

1 Was denken Sie: Wie reagieren die Kollegen auf die Frage? Sammeln Sie.

2 ▶ 42 **a** Wer vertritt die Kollegin, wer nicht? Hören Sie und kreuzen Sie an.

	Frau Schuster	Frau Grover	Herr Phan	Frau Kellermann
Ja	[ ]	[ ]	[ ]	[ ]
Nein	[ ]	[ ]	[ ]	[ ]

▶ 42 **b** Welche Argumente nennen die Personen? Hören Sie noch einmal und kreuzen Sie an.

[ ] wichtiger Arzttermin [ ] Besuch [ ] Geburtstag der Mutter
[ ] Karten für Basketballspiel [ ] Kinderbetreuung

3 **a** Welche Argumente finden Sie akzeptabel, welche nicht? Diskutieren Sie.

b Wählen Sie Argumente aus und ergänzen Sie die Redemittel.

» Tut mir leid, da kann ich nicht. Da …   » … geht bei mir nicht. Ich …
» Ich würde das gerne machen, aber …   » Ich kann das schon machen, aber …

4 **a** Was passt? Ordnen Sie zu und ergänzen Sie die Sätze aus der Besprechung.

am besten | schlechter | lieber | wichtiger | schwieriger | länger

1. Die Frühschicht am Samstag wäre mir ....

2. Die Lösung passt Ihnen ....

3. Ein Arzttermin ist vielleicht .... als der Geburtstag.

4. Sie musste letzte Woche .... bleiben.

5. Es wird immer .... , einen Arzttermin zu bekommen.

6. Mein Ruf wird immer ....

> ### Komparation
> Komparativ: Adjektiv + *-er*
> Superlativ: *am* + Adjektiv + *-sten*

b Ergänzen Sie die Reihen.

1. schwierig – .... – am schwierigsten   4. lang – .... – am längsten

2. wichtig – .... – am wichtigsten   5. gut – besser – ....

3. schlecht – .... – am schlechtesten   6. gern – .... – am liebsten

5 Haben Sie Erfahrungen mit Absprachen zu Vertretungen im Team? Berichten Sie.

Einige Mitarbeiterinnen und Mitarbeiter in einem Krankenhaus haben Fragen zu Arbeitszeitregelungen an ihrem Arbeitsplatz. Sie lesen in der Betriebsvereinbarung nach.

C | Regelungen zur Arbeitszeit verstehen

1

a Zu welchen Themen haben die Personen Fragen? Lesen und markieren Sie Schlüsselwörter.

1. Ich bin in diesem Monat schon zum neunten Mal zum Nachtdienst eingeplant. Ist das okay?

2. Sabine arbeitet nie am Wochenende, nur weil sie alleinerziehend ist. Ist das nicht ungerecht?

3. Ich bin zum fünften Wochenenddienst innerhalb von acht Wochen eingeteilt. Das ist bestimmt ein Fehler, oder?

4. Ich möchte im August unbedingt drei Wochen Urlaub machen, mein Mann hat Betriebsurlaub. Geht das, obwohl wir keine Kinder haben?

b Können Sie die Fragen beantworten? Lesen Sie und notieren Sie Stichworte.

1. Dienste zu ungünstigen Zeiten
a) Wenn möglich sind die Dienste zu ungünstigen Zeiten gleichmäßig auf die Beschäftigten zu verteilen. Besondere familiäre Gegebenheiten wie Kinder im Haushalt sollen hierbei angemessen berücksichtigt werden.
b) Dienste zu ungünstigen Zeiten sind Nachtdienste, Dienste, die vor 7 Uhr beginnen oder nach 17 Uhr enden, Wochenenddienste, Feiertagsdienste, Überstunden und Bereitschaftsdienste.

2. Diensteinteilungspläne
a) Die Beschäftigten werden in der Regel nicht mehr als sieben Tage hintereinander zum Dienst eingeteilt. In Ausnahmefällen kann dieser Zeitraum auf bis zu zehn Tage verlängert werden.
b) Mindestens jedes 2. Wochenende soll dienstfrei sein. Im Durchschnitt von 8 Wochen muss jedes 2. Wochenende dienstfrei sein.

3. Nachtdienst
a) Beschäftigte dürfen zu bis zu neun Nachtdiensten im Monat eingeteilt werden. Dabei darf der Anteil ihrer Nachtarbeitszeit nur auf Wunsch mehr als ein Drittel ihrer Jahresarbeitszeit betragen.
b) Eine Einteilung nur zum Nachtdienst ist nicht zulässig.

4. Urlaubsplanung
a) Die Urlaubsplanung für das laufende Kalenderjahr soll bis Ende Februar des Kalenderjahres erfolgen.
b) Den Wünschen bei der Urlaubsplanung wird nach Möglichkeit entsprochen. Soziale Kriterien (wie z.B. schulpflichtige Kinder, Betriebsurlaub des Lebenspartners usw.) werden berücksichtigt.
c) Eine Übertragung des Urlaubs in das nächste Kalenderjahr ist nur ausnahmsweise möglich.

c Spielen Sie eine Szene. Eine Person stellt die Fragen aus 1a, die anderen kommentieren die Aussage mit den Informationen aus der Arbeitszeitvereinbarung.

● Ich bin zum fünften Wochenenddienst innerhalb von acht Wochen eingeteilt.
  Das ist bestimmt ein Fehler, oder?
○ Stimmt, das geht nicht. Wir dürfen nur an vier Wochenenden in acht Wochen arbeiten.

2 Welche Erfahrungen haben Sie mit Dienstplänen und ungünstigen Arbeitszeiten? Haben Sie eine Betriebsvereinbarung, die Sie mitbringen können? Tauschen Sie sich aus.

3 a Wie finden Sie diese Regelungen zur Arbeitszeit? Lesen und diskutieren Sie.

1. Wenn ich am Wochenende arbeiten muss, habe ich unter der Woche zwei Tage frei.
2. Bevor ich Überstunden mache, muss ich sie mir von meinem Chef genehmigen lassen.
3. Als ich Ende März noch drei Tage Urlaub vom letzten Jahr hatte, ist er verfallen.
4. Während ich in der Probezeit war, durfte ich gar keinen Urlaub nehmen.
5. Nachdem ich meinen Jahresurlaub festgelegt habe, darf ich die Termine nicht mehr ändern.

● Ich finde es normal / komisch / toll / nicht so gut, dass …

b Unterstreichen Sie in 3a die temporalen Konnektoren. Was passt wo? Ergänzen Sie.

.....Wenn.............. : A passiert einmal in der Gegenwart / Zukunft oder mehrmals in allen Zeiten.

.... : A passiert einmal in der Vergangenheit.

.... : A und B passieren gleichzeitig.

.... , ... : A und B passieren nacheinander.

 c Welche Konnektoren passen? Markieren Sie.

Freunde von Herrn Karadimas möchten ihn am Wochenende besuchen. Er muss aber arbeiten.
1. Bevor | Während er zusagt, fragt er im Team, ob er den Wochenenddienst tauschen kann.
2. Er hat nämlich nicht gerne Besuch, nachdem | wenn er Dienst hat.
3. Erst bevor | nachdem eine Kollegin den Dienst mit ihm getauscht hat, ruft er seine Freunde an.
4. Während | Wenn er telefoniert, macht er schon Pläne für das Wochenende.
5. Wo waren sie noch mal, als | nachdem die Freunde das letzte Mal zu Besuch kamen?

4 Welche Regelungen zur Arbeitszeit haben Sie schon erlebt? Tauschen Sie sich aus.

● An meinem letzten Arbeitsplatz hatte ich eine Karte und musste jedes Mal stechen,
  wenn ich gekommen oder gegangen bin.
○ Das kenne ich auch. Ich musste meine Arbeitszeit aber auch schon in ein Computerprogramm
  eingeben.

Anna Szabo arbeitet in einem Altenheim als Pflegerin. Am Ende ihres Dienstes schreibt sie Pflegeberichte und dokumentiert, was sie gemacht hat.

D | Tätigkeiten am Arbeitsplatz dokumentieren

1

a Was notiert Frau Szabo in einem Pflegebericht? Sammeln Sie Vermutungen.

- Vielleicht schreibt sie, wie viele Medikamente ein Patient bekommen hat.

b Überfliegen Sie den Bericht und vergleichen Sie mit Ihren Vermutungen aus 1a.

PFLEGEBERICHT – Martha Car			
Datum	Uhrzeit	Eintrag	Name
10.02.	11.30	Frau Car klagt über Kopfschmerzen und Schwindel. Temperatur gemessen, Dovoden für heute abgesetzt, da Schwindel evtl. von Medikament kommt.	AS
10.02.	10.00	Frau Car hatte Besuch. Gespräch mit der Tochter geführt. Die Tochter verspricht, dass sie sich mehr um ihre Mutter kümmert.	AS
10.02.	7.55	Frau Car beim Waschen geholfen (ich habe Rücken und Beine gewaschen, Rest sie selbst am Waschbecken). Sie hat am Tisch gefrühstückt, fast alles gegessen, wenig getrunken (2 Schluck Tee).	AS
10.02.	6.05	Sie hat schlecht geschlafen. Sie sagt, dass ihre Nachbarin sehr laut geschnarcht hat.	AS
09.02.	20.35	Solltrinkmenge erreicht. Dr. Thiers informiert. Infusion am Abend weggelassen.	NF
09.02.	20.00	Frau Car erzählt, dass sie morgen Besuch bekommt. Sie freut sich.	NF

c Was trifft auf den Pflegebericht zu? Lesen Sie und kreuzen Sie an.

[ ] Die Informationen sind nach Datum und Uhrzeit geordnet.
[ ] Im Bericht stehen Informationen über alle Patienten auf einer Station.
[ ] Man sieht, wer welche Information geschrieben hat.
[ ] Im Text steht alles, was die Patienten gemacht haben.
[ ] Die Mitarbeiter/innen schreiben ihre eigene Meinung in den Bericht.

2

a Wie sind Aussagen von Personen im Bericht formuliert? Ergänzen Sie die Tabelle.

Hauptsatz	dass		Satzende
Die Tochter verspricht,	dass		
Frau Car sagt,		ihre Nachbarin	
Frau Car erzählt,			

Der Nebensatz mit *dass* steht meist für eine Ergänzung im Akkusativ:
Was sagt Frau Car?
Sie sagt: Ich habe Kopfschmerzen.
Sie sagt, dass sie Kopfschmerzen hat.

b An welcher Stelle steht *dass* im Nebensatz? Wo steht das Verb? Markieren Sie.

3 **a** Wo beschreibt Frau Szabo, was sie gemacht hat? Markieren Sie im Bericht.

b Um welche Tätigkeiten geht es? Ergänzen Sie die Verben und notieren Sie den passenden Infinitiv.

1. Temperatur ....   ·messen················

2. Gespräch mit der Tochter ....   ·································

3. Frau Car beim Waschen ....   ·································

4. Dr. Thiers ....   ·································

5. Infusion am Abend ....   ·································

 c In welche Berichte passen die Tätigkeitsbeschreibungen? Ordnen Sie zu.

[2] nach Plan 250 Teile gefertigt
[ ] Regale aufgefüllt
[ ] wandhängende WCs installiert
[ ] Abflussrohr verlegt

[ ] Duschwanne aufgestellt
[ ] Lager aufgeräumt
[ ] Test Fließband durchgeführt
[ ] Kunden an Fleischtheke betreut

> **Tätigkeiten beschreiben**
> Ergänzung + Partizip Perfekt:
> Temperatur gemessen, beim
> Waschen geholfen

1

Einzelhandelskaufmann / -frau
Ausbildungsnachweis Nr. ....   **Woche vom** .... **bis** .... **Ausbildungsjahr: 2**

Tag	ausgeführte Arbeiten, Berufsschulunterricht, Unterweisungen usw.
Montag	

2 ✕

Schichtbuch: Produktion

	A	B	C	D	E	F	G
1	Datum	Schicht 1/2/3	Schichtbericht	Inventarnr.	Bearbeiter	Zeitaufwand	erl. J/N
2	30.08.2013	3		8737	ihr	0,75h	J

3 ✕

Arbeitsbericht   Sanitärinstallation Kessel

Auftrag:	Erneuerung Heizkessel	**Auftrag Nr.:**	107011

Monteur:	Zink	**Termin:**	Do, 15.00 Uhr
Ansprechpartner, Hinweise, Kontakt:		Frau Leisel, Tel. 6234489	
Ausgeführte Leistungen:			

---

4 **a** Haben Sie Erfahrungen mit der Dokumentation von Tätigkeiten am Arbeitsplatz in Deutschland? Wie haben die Berichte ausgesehen? Tauschen Sie sich aus.

b Bilden Sie Gruppen zu verschiedenen Branchen oder Berufen. Sammeln Sie typische Tätigkeiten und schreiben Sie einen kurzen Bericht (für einen Tag / Auftrag).

> Herr Karadimas spricht mit einer Bewohnerin im Seniorenheim. Er möchte ihr in Ruhe die Einnahme eines Medikaments erklären. Sie unterbricht ihn aber ständig.

E | Im Gespräch Zeit gewinnen

1

a Was kann Herr Karadimas in der Situation sagen? Sammeln Sie.

Moment, ich bin noch nicht fertig.
Warten Sie bitte kurz.
...

b Wählen Sie eine Situation und spielen Sie sie. Ihr Gesprächspartner versucht mehrfach, Sie zu unterbrechen. Verhindern Sie dies, bleiben Sie aber freundlich.

> **1.** Sie sind Busfahrer/in. Ein Fahrgast hat eine falsche Fahrkarte. Sie erklären ihm, dass er nicht einsteigen darf.

> **2.** Sie sind Hausmeister/in. Ein/e Mieter/in hat mehrere Pflanzen im Flur vor der Wohnungstür stehen. Sie erklären ihm / ihr, dass das verboten ist.

» Moment. / Einen Moment (noch).
» Einen Augenblick, bitte.
» Ich möchte nur noch sagen, dass …
» Ich bin gleich fertig.

c Wie fanden Sie das Gespräch? Geben Sie sich Feedback.

● Ich finde, du hast am Ende sehr laut gesprochen. Das ist nicht freundlich, oder?

2

a Herr Karadimas braucht im Gespräch kurze Denkpausen. Um diese zu füllen, nutzt er kleine Wörter und Wendungen. Welche kennen Sie? Markieren Sie. Kennen Sie weitere?

sozusagen | ähm | also | Wie soll ich sagen? | eigentlich | äh | Wie sagt man gleich?

b Was haben Sie an Ihrem letzten Arbeitsplatz gemacht? Erzählen Sie und probieren Sie die Wörter und Wendungen aus 2a aus.

c Wie spricht man die Wörter und Wendungen aus? Welche spricht man eher lang und gedehnt, welche eher schnell? Diskutieren Sie.

● *Äh* spricht man auf jeden Fall sehr lang, ein bisschen wie Kaugummi.
○ …

3

Die Deutschen sagen oft *äh*, um eine Denkpause zu füllen. Was sagt man in anderen Sprachen? Sammeln und vergleichen Sie.

Teamfähigkeit Motivation Pünktlichkeit
Zuverlässigkeit Freundlichkeit Eigeninitiative
Interkulturelle Kompetenz Konfliktfähigkeit
Lernbereitschaft Kundenorientierung Flexibilität

F | Schlüsselqualifikation: Pünktlichkeit

1

a **Was bedeutet der Spruch? Diskutieren Sie und kreuzen Sie an.**

> **Fünf Minuten vor der Zeit
> ist der Schwester Pünktlichkeit.**

[ ] In Deutschland sollte man immer 5 Minuten früher zu einem Termin kommen.
[ ] Krankenschwestern sollten 5 Minuten vor Dienstbeginn am Arbeitsplatz sein.

b **Kennen Sie andere Berufe oder Situationen, in denen man vor der Zeit da sein sollte? Diskutieren Sie.**

- Wenn Kunden kommen, sollte man immer 10 Minuten vorher da sein.
- Bei einem Vorstellungsgespräch sollte man mindestens 15 Minuten früher da sein.
- …

c **In welchen Situationen ist Pünktlichkeit bei der Arbeit besonders wichtig? Sammeln Sie.**

am ersten Arbeitstag, …

2 **Was kann man sagen, wenn man unpünktlich ist? Welche Begründungen sind im Beruf akzeptabel?**
Diskutieren Sie und sammeln Sie weitere mögliche Formulierungen.

1. Die U-Bahn hatte Verspätung.

3. Ich habe verschlafen.

2. Mein Kind ist krank und ich musste eine Betreuung organisieren.

5. Ich musste noch schnell etwas essen.

4. Die Besprechung ging leider länger und ich konnte nicht gehen.

3 **Spielen Sie eine der Situationen. Entschuldigen Sie sich für Ihre Unpünktlichkeit.**
Vergleichen Sie Ihre Begründungen im Kurs. Finden Sie alle akzeptabel?

1. Sie arbeiten bei einem Pizza-Lieferdienst. Sie kommen eine halbe Stunde später als versprochen zu einem Kunden.

2. Sie sind Friseur/in. Eine Kundin muss trotz Termin eine halbe Stunde warten.

4 **Wie wichtig ist Pünktlichkeit im Arbeitsleben in Ihrem Herkunftsland?**
Gibt es Unterschiede in verschiedenen Berufen oder Situationen? Erzählen Sie.

Wörter und Wendungen: Zeit im Arbeitsleben

bei einer Zeitarbeitsfirma arbeiten
die Zeitarbeit (nur Sg.)
die Zeitarbeitsfirma, Zeitarbeitsfirmen
die Übernahme, -n Chance auf Übernahme
der Einstieg, -e den Einstieg in den
   Arbeitsmarkt schaffen
sozial abgesichert
der Tarif, -e nach Tarif bezahlen

sich krankmelden
sich krankmelden
die Arbeitsunfähigkeit (nur Sg.)
die Arbeitsunfähigkeitsbescheinigung (AU), -en
der Krankheitstag, -e
vorliegen Die AU muss ab dem 3. Krankheitstag
   vorliegen.
verlangen Der Arbeitgeber kann eine AU
   verlangen.
die Fortzahlung, -en die Lohnfortzahlung
die Krankenkasse, -n
Bescheid sagen

Absprachen im Team verstehen
die Absprache, -n
die Vertretung, -en Wer kann die Vertretung
   übernehmen?
vertreten Kannst du mich vertreten?
(nicht) können Da kann ich, kein Problem.
nicht gehen Das geht bei mir nicht.

Regelungen zur Arbeitszeit verstehen
die Arbeitszeit, -en
die Regelung, -en
die Betriebsvereinbarung, -en
der Dienstplan, ⁻e
der Nachtdienst, -e

der Wochenenddienst, -e
der Feiertagsdienst, -e
der Bereitschaftsdienst, -e
innerhalb innerhalb von 3 Wochen
hintereinander 7 Tage hintereinander
die Überstunde, -n
eingeplant sein
eingeteilt sein Ich bin zum Nachtdienst
   eingeteilt.
ungünstig Dienst zu ungünstigen Zeiten
dienstfrei
frei haben Ich habe unter der Woche 2 Tage frei.
die Urlaubsplanung, -en
Urlaub nehmen
genehmigen lassen
verfallen Der Urlaub vom letzten Jahr ist
   verfallen.
das Kalenderjahr, -e das laufende Kalenderjahr
die Probezeit, -en

Tätigkeiten am Arbeitsplatz dokumentieren
dokumentieren
der Bericht, -e
der Arbeitsbericht, -e
der Pflegebericht, -e
das Schichtbuch, ⁻er

im Gespräch Zeit gewinnen
unterbrechen
der Augenblick, -e Einen Augenblick, bitte.
fertig sein Ich bin gleich fertig.
sozusagen
sagen Ich möchte nur noch sagen,
   dass … Wie soll ich sagen?
   Wie sagt man gleich?

Markieren Sie Wörter und Wendungen, die Sie nicht verstehen. Wo stehen sie in der Lektion? Verstehen Sie sie im Kontext? Wenn Sie Hilfe brauchen, fragen Sie Ihre Lernpartner oder Ihre Kursleitung.

Welche 7 Wörter möchten Sie sich merken? Wählen Sie aus und machen Sie ein Kreuzworträtsel. Ihre Lernpartnerin / Ihr Lernpartner löst es, Sie korrigieren.

Grammatik im Überblick

Komparation

Komparativ und Superlativ nutzt man für Vergleiche. Rechts vom Nomen haben sie keine Endung.

Grundform	Komparativ	Superlativ
schnell	schneller	am schnellsten
schlecht	schlechter	am schlechtesten
lang	länger	am längsten
gut	besser	am besten
gern	lieber	am liebsten
viel	mehr	am meisten

-esten nach -d, -t, -s, -ß, -sch, -x

a, o, u → ä, ö, ü bei kurzen Adjektiven

Temporale Nebensätze

Nebensatz			Hauptsatz
Konnektor		Satzende	
Wenn	ich am Wochenende	arbeite,	habe ich danach zwei Tage frei.
Als	ich bei GHF	gearbeitet habe,	hatte ich mehr Urlaub.
Während	ich in der Probezeit	war,	durfte ich keinen Urlaub nehmen.
Bevor	ich Überstunden	mache,	muss ich sie genehmigen lassen.
Nachdem	er den Dienst	getauscht hat,	hat er seine Freunde angerufen.

wenn: Etwas passiert einmal in der Gegenwart / Zukunft oder mehrmals in allen Zeiten.
als: Etwas passiert einmal in der Vergangenheit.
während: Zwei Dinge passieren gleichzeitig. *bevor, nachdem*: Zwei Dinge passieren nacheinander.

Nebensatz mit dass

Hauptsatz	Nebensatz		
	dass		Satzende
Die Tochter verspricht,	dass	sie sich mehr um ihre Mutter	kümmert.
Frau Car erzählt,	dass	sie morgen Besuch	bekommt.

Der Nebensatz mit *dass* hängt vom Verb im Hauptsatz ab. Das konjugierte Verb steht am Satzende.

Typische Formulierungen im Hauptsatz:

Ich glaube / denke / meine, dass …   Ich weiß / bin sicher, dass …
Sie sagt / berichtet / erzählt, dass …   Es ist wichtig / sinnvoll / notwendig, dass …

Partizip Perfekt: Tätigkeiten beschreiben

Ergänzung + Partizip Perfekt

Temperatur gemessen, beim Waschen geholfen, Abflussrohr verlegt, Lager aufgeräumt

Bei Verben mit Akkusativ- oder Dativergänzung steht vor dem Partizip Perfekt die Ergänzung meist ohne Artikel. Bei Verben mit Präposition ist die Reihenfolge: Präposition – Ergänzung – Partizip Perfekt.

Szenario: Lektion 9 und 10

Lesen Sie die Situationsbeschreibung. Verteilen Sie die Rollen. Bereiten Sie die Aufgaben vor: Suchen Sie passenden Wortschatz und Redemittel. Ihre Kursleitung hilft Ihnen bei der Auswahl der Materialien und bei Fragen. Üben Sie die einzelnen Schritte und üben Sie dann das komplette Szenario.

Situation:

Eine Person bestellt telefonisch 10 Drucker und vereinbart per E-Mail einen Liefertermin. Am Tag der Lieferung meldet sie sich krank und informiert über die Lieferung. Wieder im Betrieb liest sie Fragen zum Drucker und sucht Antworten in der Bedienungsanleitung. In einem Gespräch erklärt sie einem Kollegen / einer Kollegin den Drucker. Dieser / Diese möchte sie dabei unterbrechen.

Material / Notizen (Kursleitung)
→ Notizen mit Produktinformationen und Bedingungen für Angebot

Schritt 1 telefonisch etwas bestellen

Person	**Verkäufer/in**
· ruft einen EDV-Großhändler an · fragt nach einem Angebot für 10 Drucker und bestellt	· beantwortet Fragen · macht ein Angebot

Schritt 2 schriftlich einen Termin vereinbaren

Person	**Verkäufer/in**
· schreibt eine E-Mail · macht Vorschläge für einen Liefertermin	· beantwortet die E-Mail · bestätigt einen Liefertermin

→ Notizen mit Informationen zur Lieferung

Schritt 3 sich krankmelden

Person	**Vorgesetzte/r**
· ruft in der Firma an und meldet sich krank · informiert über die Lieferung	· nimmt die Krankmeldung entgegen · fragt nach

→ Notizen mit Fragen
→ Bedienungsanleitung Drucker

Schritt 4 eine Bedienungsanleitung lesen

Person	**Kollege / Kollegin**
· liest Fragen in einer E-Mail · sucht die Antworten in der Bedienungsanleitung	· schreibt eine E-Mail · stellt Fragen zum neuen Drucker

Schritt 5 im Gespräch Zeit gewinnen

Person	**Kollege / Kollegin**
· beantwortet im Gespräch die Fragen zum Drucker · verhindert Unterbrechungen	· unterbricht mehrfach, um weitere Fragen zu stellen

>> Semire Yüksel, Musiklehrerin aus der Türkei, 47 Jahre, seit 7 Jahren in Deutschland

Semire Yüksel war in der Türkei Musiklehrerin an einer Schule. In Deutschland arbeitet sie halbtags als Kinderpflegerin in einem privaten, zweisprachig türkisch-deutschen Kindergarten. Nebenher gibt sie Klavierstunden für Kinder und Erwachsene.

11 | Geld im Arbeitsleben

1 Was glauben Sie: Warum unterrichtet Frau Yüksel neben ihrer Arbeit im Kindergarten Klavier? Tauschen Sie sich aus.

● Ich glaube, dass sie ihren Beruf als Musiklehrerin liebt und deshalb unterrichtet.
○ Wahrscheinlich möchte sie mehr verdienen.

2 Welche der in Deutschland typischen Nebentätigkeiten sind für Sie interessant? Diskutieren Sie und sammeln Sie weitere Beispiele.

Haushaltshilfe in einer Familie

Aushilfe in einer Bäckerei

Fitness-Trainer

Servicekraft in einem Restaurant

Nachhilfelehrer für Mathematik und Physik

Hilfskraft für Buchhaltung

Zeitungsausträger

Taxifahrer am Wochenende

3 In welchen Bereichen gelten für Nebentätigkeiten spezielle Regelungen? Kreuzen Sie an und vergleichen Sie mit der Lösung auf S. 158.

[ ] Sozialversicherung   [ ] Krankmeldung
[ ] Sicherheitsvorschriften [ ] Steuer

Für manche Nebentätigkeiten, z. B. Unterricht an einer Volkshochschule oder Training in einem Sportverein, kann man bis zu 2400 € / Jahr erhalten, die steuerfrei sind.

4 Haben Sie Erfahrungen mit Nebentätigkeiten? Welche?
Wie konnten Sie Haupt- und Nebentätigkeit vereinbaren? Erzählen Sie.

> Frau Yüksel arbeitet seit einem Jahr in einem türkisch-deutschen Kindergarten und hätte gerne eine Gehaltserhöhung. Das spricht sie im Mitarbeitergespräch mit der Leiterin des Kindergartens an.

A | Über Gehaltsvorstellungen sprechen

1 Welche Argumente könnte Frau Yüksel für eine Gehaltserhöhung nennen? Sammeln Sie.

ist zweisprachig

Argumente für Gehaltserhöhung

hat sich gut eingearbeitet

2 **a** Welche Argumente nennt Frau Yüksel im Gespräch? Hören Sie und vergleichen Sie mit Ihren
▶ 43 Vermutungen in 1.

▶ 43 **b** Welches Argument nennt Frau Yüksel nicht? Hören Sie das Gespräch noch einmal und kreuzen Sie an.

[ ] 1. Ich mache meine Arbeit genauso gut wie eine Kinderpflegerin.
[ ] 2. Ich habe viel Erfahrung als Musiklehrerin und mache musikalische Früherziehung.
[ ] 3. Ich habe eine pädagogische Ausbildung.
[ ] 4. Ich habe sehr viele Überstunden gemacht.
[ ] 5. Ich spreche viel besser Deutsch.
[ ] 6. Ich habe mich gut ins Team integriert.
[ ] 7. Ich helfe immer aus, wenn man mich braucht.

3 **a** Welcher Konnektor passt? Ordnen Sie zu.

> **Kausale Konnektoren:**
> Etwas begründen
> Hauptsatz + Nebensatz: *weil*
> Hauptsatz + Hauptsatz: *denn* (Pos. 0),
> *deshalb, deswegen*

weil | denn | deshalb

1. Ich mache die Arbeit genauso gut wie eine Kinderpflegerin.
   .... würde ich mir die gleiche Bezahlung wünschen.
2. Sie haben viele Vorteile, ... ich sehr viel Erfahrung als Musiklehrerin habe.
3. Ich weiß, wie ich Kinder fördern kann. .... ich habe ja eine pädagogische Ausbildung.

b In welchem Teil des Satzes steht die Begründung? Markieren Sie die Argumente in den Sätzen in 3 a.

c Schreiben Sie vier Sätze mit Begründungen. Nutzen Sie die Argumente aus 2 b und verschiedene Konnektoren aus 3 a.

Ich würde gern mehr verdienen, weil ich …

d Schneiden Sie die Sätze auseinander und lassen Sie eine andere Gruppe die Sätze zusammenfügen.

4 Welche Aussagen sind für Gehaltsverhandlungen passend? Warum (nicht)? Lesen Sie und tauschen Sie sich aus.

> 1. Wenn Sie mir nicht ab heute 2000 Euro zahlen, kann ich meine Miete nicht zahlen und muss deshalb kündigen.

> 2. Meine Kollegen verdienen alle mehr als ich, das finde ich wirklich ungerecht.

> 3. Ich habe jetzt ja schon viel Berufserfahrung gesammelt. Vielleicht wäre eine Gehaltserhöhung möglich?

> 4. Das Tarifgehalt liegt glaube ich in meinem Bereich bei um die 1900 Euro. Wäre es möglich, dass Sie mich auch nach Tarif bezahlen?

> 5. Ohne mich läuft hier nichts. Deswegen müssen Sie mich auch besser bezahlen.

- Nr. ... finde ich zu fordernd / arrogant / unhöflich / persönlich / ...
  Wenn man das sagt, hat meine keine Chance / riskiert man seine Stelle / ...
- Nr. ... finde ich höflich / angemessen / eher zu bescheiden / ...

5 **a Welche Redemittel passen nicht? Streichen Sie sie durch.**

Wünsche äußern
- » Ich hätte gern ...
- » Ich würde mir wünschen, dass ...
- » Sie müssen doch sehen, dass ...
- » Wäre es möglich, dass ...
- » Vielleicht wäre es möglich, dass ...

etwas relativieren
- » Das verstehe ich. Aber ...
- » Im Prinzip haben Sie Recht, aber ...
- » Das kann ich nachvollziehen. Auf der anderen Seite ...
- » Stimmt schon, ich ... aber trotzdem ...
- » Das ist doch Quatsch!

b Bilden Sie Paare zu Berufen oder Branchen und spielen Sie eine Gehaltsverhandlung. Bereiten Sie Argumente vor und nutzen Sie Redemittel aus 5 a.

c Suchen Sie ein anderes Paar. Spielen Sie sich Ihre Dialoge gegenseitig vor. Geben Sie sich Feedback: Sind Ihre Argumente überzeugend? Was kann man besser machen?

Herr Simon hat im Mitarbeitergespräch eine Gehaltserhöhung ausgehandelt. Er soll für seine gute Arbeit mehr Geld bekommen. Er liest seine Gehaltsabrechnung und kontrolliert, ob sein Einkommen tatsächlich höher ist.

B | Eine Gehaltsabrechnung verstehen

1

a Wo steht die Gehaltserhöhung auf der Abrechnung?
Lesen und markieren Sie.

Elektrohaus Gigant | Mauerstr. 88–92 | 65402 Rüsselsheim

LOHN- UND GEHALTSABRECHNUNG 02.2014

Herr
Johannes Simon
Am Hang 43
65432 Seehausen

Geburtsdatum 23.8.1978
Personalnr. 57000521
Steuerklasse 1
Rel. ev
Krankenkasse AOK Hessen

BEZÜGE	Euro pro Monat
Tarifgehalt	2.200,00
Fahrtkostenzuschuss	55,00
Leistungszulage	150,00
Gesamtbrutto	**2.405,00**

ABZÜGE	
Lohnsteuer	310,16
Solidaritätszuschlag	17,05
Kirchensteuer	27,91
Krankenversicherung	197,21
Rentenversicherung	227,27
Arbeitslosenversicherung	36,08
Pflegeversicherung	30,66
Netto	**1.558,66**

b Was bekommt Herr Simon zusätzlich zum Gehalt vom Arbeitgeber? Kreuzen Sie an.

[ ] einen Firmenwagen
[ ] Geld für Fahrten
[ ] Geld für Mittagessen

c Kennen Sie weitere Zusatzleistungen von Arbeitgebern? Tauschen Sie sich aus.

2 **a** Was muss Herr Simon bezahlen? Wie hoch sind die Steuern und Sozialabgaben?
Zählen Sie zusammen und ergänzen Sie.

Steuern: insgesamt .... €
Beiträge für die Sozialversicherungen: insgesamt .... €

b Wie hoch sind die Abzüge insgesamt? Markieren Sie Brutto- und Nettogehalt auf der Abrechnung und rechnen Sie.

c Finden Sie die Abgaben hoch oder niedrig? Wie ist es in Ihrem Herkunftsland?
Welche Abgaben gibt es dort? Berichten und vergleichen Sie.

3 **a** Wofür zahlt man Steuern und Sozialabgaben? Ergänzen Sie die Texte mit den passenden Wörtern aus der Gehaltsabrechnung.

1 Die .... leitet der Staat an Kirchen und andere Religionsgemeinschaften weiter. Diese finanzieren damit ihre Arbeit.

2 Die .... unterstützt, wenn man krank ist. Sie übernimmt Kosten für Arztbesuche, Medikamente oder auch Hörgeräte. Sie zahlt aber auch Krankengeld, wenn man lange nicht arbeiten kann.

3 Die .... hilft, wenn Menschen sich nicht mehr selbst versorgen können. Die Krankenkasse bezahlt dann zum Beispiel eine Pflegekraft, die mehrmals am Tag vorbeikommt.

4 Der .... soll vor allem die Kosten der deutschen Wiedervereinigung finanzieren.

5 Die .... kann der Staat (Bund, Länder und Kommunen) für verschiedene Dinge ausgeben, z. B. Schulen, Straßen, Krankenhäuser usw.

6 Die .... unterstützt alle, die schon länger gearbeitet haben und dann arbeitslos werden. Die Agentur für Arbeit zahlt vor allem Arbeitslosengeld, aber auch Kurzarbeitergeld oder Weiterbildungen.

7 Die .... bezahlt die Rente für ältere Menschen, die nicht mehr arbeiten. Sie unterstützt aber auch Arbeitnehmer, die z. B. nach einem Unfall nicht mehr arbeiten können, und bezahlt Maßnahmen zur Rehabilitation.

b Welche Leistungen können Arbeitnehmer von den Sozialversicherungen erhalten?
Markieren Sie die Beispiele in den Texten in 3 a und sammeln Sie weitere.

c Wie finden Sie das Sozialversicherungssystem in Deutschland? Tauschen Sie sich aus.

● Ich finde es gut, dass ich beim Arzt nichts oder nur ganz wenig bezahlen muss.
○ Das stimmt. Aber um alte Leute sollten sich die Familien kümmern, keine Versicherung.

> Frau Wen hat sich von ihrem Mann getrennt und möchte deshalb ihre Lohnsteuerklasse ändern lassen. Sie ruft beim Finanzamt an.

C | Informationen zum deutschen Steuersystem verstehen

1

a Welche Lohnsteuerklasse soll Frau Wen bekommen? Welche Voraussetzungen muss sie dafür erfüllen?

▶ 44 **Hören Sie das Telefongespräch und kreuzen Sie an.**

1. Frau Wen beantragt die Lohnsteuerklasse   [ ] 2.   [ ] 1.
2. Sie muss dafür   [ ] von ihrem Mann getrennt leben.
                       [ ] mit keinem Lebenspartner zusammenwohnen.
                       [ ] Kinder haben, die noch nicht 18 Jahre alt sind.
                       [ ] für ihre Kinder Kindergeld bekommen.

> **Kindergeld** bekommt man für minderjährige Kinder sowie für Kinder bis 25, die in Ausbildung sind.

▶ 44 **b Was muss Frau Wen dem Finanzamt schicken? Hören Sie noch einmal und notieren Sie.**

2

a Was sagt der Mitarbeiter des Finanzamts? Markieren Sie den passenden Konnektor.

1. Wenn | Dass   Sie noch zusammenleben, geht die Steuerklasse 2 nicht.
2. Weil | Wenn   Sie mir die Kindergeldbescheinigung schicken, kann ich Ihre Steuerklasse ändern.

b Wo steht die Bedingung im Satz? Lesen und markieren Sie.

Wenn Sie verheiratet sind, können Sie aus drei Steuerklassen wählen.

> **Nebensatz mit *wenn***
> Im Nebensatz steht eine Bedingung.

3

a Wie viele Steuerklassen gibt es für Personen, die ohne Lebenspartner wohnen? Markieren Sie.

Steuerklassen
1 Arbeitnehmer, die ledig, geschieden, getrennt lebend oder verwitwet sind
2 Alleinerziehende, die Kindergeld bekommen
3 Verheiratete: der Partner arbeitet nicht oder verdient weniger
4 Verheiratete: beide verdienen ungefähr gleich viel
5 Verheiratete: der Partner verdient viel mehr
6 Arbeitnehmer, die eine Nebentätigkeit (ein zweites Einkommen) haben

b Welche Lohnsteuerklasse erhält Frau Wen, wenn ...? Diskutieren Sie.

- Wenn Frau Wen wieder heiratet, kann sie die Steuerklasse 3 nehmen.
- Wenn ihre Kinder ausziehen, ...

c Mit welcher Steuerklasse zahlt man die meisten Steuern? Recherchieren Sie unter www.brutto-netto-rechner.info/.

4 Wie ist das Steuersystem in Ihrem Herkunftsland? Tauschen Sie sich aus.

D | Eine Rechnung schreiben

1 a Was muss auf einer Rechnung stehen? Sammeln Sie.

Name

Rechnung

b Überfliegen Sie die Rechnung in 2 und vergleichen Sie mit Ihren Vermutungen.

2 Wo passen die Zahlen? Ergänzen Sie die Rechnung.

128,00 | 145 / 876 / 9898 | 089/3428871 | 03.04.2014 | DE78680700240016797440 | 16/14

Klavierunterricht – Semire Yüksel, Karl-Theodor-Str. 2, 80333 München
Tel. .... , E-Mail: S.Yüksel@gmy.de
Steuernummer ....

Roswitha Grasser
Rotkreuzplatz 8
80634 München

RECHNUNG   Rechnung Nr. ....   Datum: ....

Für meinen Unterricht im März erlaube ich mir Ihnen zu berechnen:

Pos	Beschreibung	Einzelpreis	Anzahl	Gesamtpreis
1	Klavierunterricht	32 €/45 Min.	4	.... €
2	Einführung in die Musiktheorie	25 €	1	25,00 €

Gesamtbetrag: 153,00 €

Bitte überweisen Sie den Betrag innerhalb von 2 Wochen auf mein Konto.
Gemäß §19 (Kleinunternehmer) liegt keine Umsatzsteuerpflicht vor.

Bankverbindung:
Stadtsparkasse München, IBAN: .... , BIC: DEUTDEDBBRI

---

3 a Welche der Zahlen in 2 haben Sie persönlich auch? Notieren Sie Ihre Varianten.

b Wählen Sie eine Tätigkeit und schreiben Sie eine Rechnung an Ihre Lernpartnerin / Ihren Lernpartner. Verwenden Sie Ihre persönlichen Daten.

Reparatur Heizung | Übersetzung eines Briefs ins ... | Kinderbetreuung | Gartenarbeiten

> Auf einer Sitzung informiert die Geschäftsführung eines Unternehmens den Betriebsrat darüber, dass wegen der schlechten wirtschaftlichen Situation das Weihnachtsgeld gestrichen wird.

E | Nonverbal kommunizieren

1 Wie reagieren die Betriebsräte? Welches Bild passt zu welchem Gedanken?
Diskutieren und verbinden Sie.

4. Das finde ich in Ordnung!

1. Das darf doch nicht wahr sein, schon wieder!

3. Das kommt jetzt aber überraschend!

2. Das finde ich wirklich nicht gut!

5. Na und? Das ist doch nicht unser Problem!

A   B   C   D   E

2 a Kennen Sie weitere gestische und mimische Reaktionen, die in Deutschland verwendet werden?
Spielen Sie sie vor. Die anderen raten die Bedeutung.

b Gibt es Gesten und Gesichtsausdrücke, die in anderen Ländern eine andere Bedeutung haben?
Tauschen Sie sich aus.

3 Lesen Sie die Aussagen eines Geschäftsführers vor und reagieren Sie darauf, ohne zu sprechen.
Tauschen Sie die Rollen und üben Sie verschiedene Varianten.

- Das Gehalt können wir leider erst Mitte des nächsten Monats überweisen.
- Zum Monatsende müssen wir leider die Hälfte der Belegschaft kündigen, wir sind insolvent.
- Wir haben einen großen Auftrag bekommen. Ab morgen müssen Sie alle Überstunden machen.

4 Haben Sie schon Missverständnisse wegen Gestik oder Mimik erlebt? Welche?
Haben Sie in der Situation darüber gesprochen? Erzählen Sie.

Teamfähigkeit Eigeninitiative Pünktlichkeit
Zuverlässigkeit Freundlichkeit Motivation
Interkulturelle Kompetenz Konfliktfähigkeit
Lernbereitschaft Kundenorientierung Flexibilität

F | Schlüsselqualifikation: Konfliktfähigkeit

1 Was kann wo und mit wem zu Konflikten führen? Sammeln Sie.

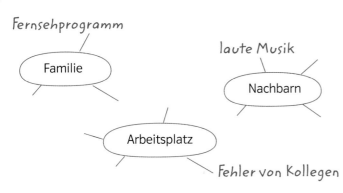

Fernsehprogramm

laute Musik

Familie

Nachbarn

Arbeitsplatz

Fehler von Kollegen

2 **a** Wie können Sie am Arbeitsplatz ansprechen, dass Ihnen etwas nicht gefällt? Markieren Sie.

Mir reicht's! | Damit habe ich ein Problem, können wir darüber sprechen? | Immer das gleiche Theater! | Könnten Sie das bitte ändern? | Lass mich in Ruhe! | Ich ärgere mich über … Das müssen wir klären. | Wenn das so weitergeht, muss ich die Polizei holen. | Das geht so nicht!

 b Welche Formulierungen würden Sie in der Familie oder mit Nachbarn nutzen? Diskutieren Sie.

3 **a** Wie kann man Konflikte am Arbeitsplatz lösen? Bringen Sie die Schritte in die richtige Reihenfolge.

SCHRITT FÜR SCHRITT ZUR KONFLIKTLÖSUNG

[ ] Vereinbaren Sie einen Termin, um über den Konflikt zu sprechen.
[1] Was genau ist der Grund für den Konflikt? Benennen Sie ihn oder schreiben sie ihn auf.
[ ] Seien Sie nicht aggressiv und suchen Sie gemeinsam eine Lösung, die für beide gut ist.
[ ] Beruhigen Sie sich, bevor Sie das Gespräch suchen.
[ ] Wenn Sie keine Lösung finden, können Sie einen Kollegen oder Betriebsrat bitten,
      bei einem weiteren Gespräch zu vermitteln.
[ ] Bereiten Sie das Gespräch vor: Welche Lösungen kann es geben, die für Sie beide
      akzeptabel sind?

b Was halten Sie von dem Vorgehen? Tauschen Sie sich aus.

4 Haben Sie Erfahrungen mit Konflikten am Arbeitsplatz in Deutschland und / oder Ihrem Herkunftsland?
Wie haben Sie sie gelöst? Gab es Unterschiede? Tauschen Sie sich aus.

5 Wählen Sie eine Situation am Arbeitsplatz und bereiten Sie ein Konfliktgespräch vor. Was ist das
Problem? Wie kann eine Lösung aussehen? Beachten Sie die Ratschläge aus 3a und spielen Sie.

Wörter und Wendungen: Geld im Arbeitsleben

über Gehaltsvorstellungen sprechen

das Mitarbeitergespräch, -e
die Gehaltsverhandlung, -en
die Gehaltserhöhung, -en
sich wünschen Ich würde mir die gleiche
 Bezahlung wünschen.
sich einarbeiten Ich habe mich gut
 eingearbeitet.
sich integrieren Ich habe mich gut ins Team
 integriert.
aushelfen Ich helfe immer aus, wenn es
 nötig ist.
fordernd
bescheiden
Recht haben Sie haben Recht, aber …
nachvollziehen Das kann ich nachvollziehen.

eine Gehaltsabrechnung verstehen

die Personalnummer, -n
die Bezüge (nur Pl.)
das Tarifgehalt, ¨er
der Zuschuss, ¨e Fahrtkostenzuschuss
die Zulage, -n Leistungszulage
die Abzüge (nur Pl.)
die Steuer, -n Lohnsteuer, Solidaritätszuschlag,
 Kirchensteuer
die Sozialversicherung, -en Kranken-, Renten-,
 Arbeitslosen- und Pflegeversicherung
der Beitrag, ¨e
die Abgabe, -n Sozialabgaben
die Kosten (nur Pl.)
finanzieren
ausgeben Geld ausgeben
unterstützen
sich kümmern um + Akk.

**Informationen zum deutschen Steuersystem
verstehen**

die (Lohn)steuerklasse, -n
getrennt leben
zusammenwohnen
der Lebenspartner, -
die Lebenspartnerin, -nen
das Kindergeld (nur Sg.)
ledig
geschieden
verwitwet
der / die Alleinerziehende, -n
der / die Verheiratete, -n
die Nebentätigkeit, -en
das Einkommen, -

eine Rechnung schreiben

die Rechnung, -en
die Steuernummer, -n
die Rechnungsnummer, -n
der Preis, -e Einzelpreis, Gesamtpreis
der Betrag, ¨e Gesamtbetrag
überweisen Bitte überweisen Sie den Betrag auf
 mein Konto.
berechnen Ich erlaube mir, Ihnen zu
 berechnen: …

nonverbal kommunizieren

wahr sein Das darf doch nicht wahr sein!
überraschend Das kommt aber überraschend!
die Geste, -n
der Gesichtsausdruck, ¨e
die Gestik (nur Sg.)
die Mimik (nur Sg.)

Markieren Sie Wörter und Wendungen, die Sie nicht verstehen. Wo stehen sie in der Lektion? Verstehen
Sie sie im Kontext? Wenn Sie Hilfe brauchen, fragen Sie Ihre Lernpartner oder Ihre Kursleitung.

Welche 7 Wörter möchten Sie sich merken? Wählen Sie aus und schreiben Sie einen Text, in den
die Wörter passen. Lassen Sie für die Wörter Lücken. Ihre Lernpartnerin / Ihr Lernpartner ergänzt,
Sie korrigieren.

Grammatik im Überblick

Kausale Konnektoren: Etwas begründen

Hauptsatz + Nebensatz: weil

Hauptsatz	Nebensatz		
	Konnektor		Satzende
Sie haben viele Vorteile,	weil	ich sehr viel Erfahrung als Musiklehrerin	habe.

Hauptsatz + Hauptsatz: denn

Hauptsatz	Hauptsatz			
	Position 0	Position 1	Position 2	
Ich kann Kinder professionell fördern,	denn	ich	habe	ja eine Ausbildung.

Hauptsatz + Hauptsatz: deshalb, deswegen

Hauptsatz	Hauptsatz		
	Position 1	Position 2	
Ich mache die gleiche Arbeit.	Deshalb	wünsche	ich mir die gleiche Bezahlung.

In Sätzen mit *weil* und *denn* steht die Begründung im Teilsatz mit Konnektor. In Sätzen mit *deshalb* oder *deswegen* steht die Begründung im Teilsatz ohne Konnektor.

Nebensatz mit wenn

Hauptsatz	Nebensatz		
	Konnektor		Satzende
Ich ändere die Steuerklasse gern,	wenn	Sie mir die Bescheinigung	schicken.

Nebensatz		Hauptsatz
Konnektor	Satzende	
Wenn	Sie verheiratet	sind,	können Sie Steuerklasse 3, 4, oder 5 haben.

Nebensätze mit *wenn* drücken eine Bedingung aus. Im Hauptsatz steht die Konsequenz.
Der Nebensatz kann vor oder nach dem Hauptsatz stehen. Das Verb steht im Nebensatz am Satzende.

Rückblick: Lektion 10 und 11

1 **Was haben Sie in den Lektionen 10 und 11 gelernt? Was ist für Sie wichtig? Ergänzen Sie die Tabelle.**

	Das habe ich im Unterricht gemacht! ✔	Das ist für mich wichtig! ✔	Das kann ich … ☺ sehr gut ☺ gut ☹ nicht so gut	Das sagt mein/e Kursleiter/in dazu. ☺ ☺ ☹
sich krankmelden				
Absprachen im Team verstehen				
Regelungen zur Arbeitszeit verstehen				
Tätigkeiten am Arbeitsplatz dokumentieren				
im Gespräch Zeit gewinnen				
über Gehaltsvorstellungen sprechen				
eine Gehaltsabrechnung verstehen				
Informationen zum deutschen Steuersystem verstehen				
eine Rechnung schreiben				
nonverbal kommunizieren				

2 **Was möchten Sie noch üben und vertiefen? Was können Sie dafür tun? Holen Sie sich auch Tipps von Ihren Lernpartnern und der Kursleitung.**

Ich will: ....

....

Dafür kann ich: ....

....

3 **Was möchten Sie noch im Kurs machen? Warum? Sprechen Sie im Kurs, machen Sie eine Kursliste und planen Sie gemeinsam.**

● Ich möchte gerne üben, wie ich als selbstständiger Hausmeister
  Rechnungen schreibe und die Leistungen beschreibe.
○ Ich …

* Rechnungen mit
  verschiedenen Leistungen

*

>> Janek Kowalczyk, Installateur aus Polen,
37 Jahre, seit 8 Jahren in Deutschland

Janek Kowalczyk hat in Polen einige Jahre als
Installateur gearbeitet. In Deutschland war er 5 Jahre
lang als Hausmeister angestellt. Als er arbeitslos wurde,
hat er ein Existenzgründungsseminar besucht und sich
selbstständig gemacht. Er hat einen Hausmeisterdienst
und beschäftigt 4 Mitarbeiter. Seine Aufträge erhält er
von Hausverwaltungen und Privatpersonen.

12 | Der Kunde ist König

1 Herr Kowalczyk ist selbstständig. Welche Vor- und Nachteile hat er dadurch?
Diskutieren Sie die Stichworte. Gibt es weitere Aspekte?

Chef – Einkommen – Urlaub – Arbeitszeit

2 **a** Was glauben Sie, hat Herr Kowalczyk im Existenzgründungsseminar gelernt? Kreuzen Sie an.

Er hat gelernt …
[ ] welche finanziellen Hilfen er bekommen kann.
[ ] wie er seine Firma anmelden kann.
[ ] wie er mit seiner Firma reich wird.
[ ] wie er Kunden findet.
[ ] welche Versicherungen er braucht.
[ ] wie er seine Freizeit planen sollte.
[ ] wie er die Buchführung machen muss.

b Vergleichen Sie mit Ihrer Lernpartnerin / Ihrem Lernpartner und tauschen Sie sich aus.

3 Womit könnten Sie sich selbstständig machen? Notieren Sie Stichworte und stellen Sie
Ihre Idee im Kurs vor.

4 Haben Sie Erfahrungen mit Selbstständigkeit in Deutschland oder in Ihrem Herkunftsland?
Was war schwierig, was war gut? Erzählen Sie.

Herr Kowalczyk ist Hausmeister in einer Wohnanlage. Er hat dort einen Briefkasten, in dem die Bewohner Nachrichten an ihn hinterlassen können.

Für Ihre Nachrichten

A | Nachrichten von Kunden verstehen

1 **a** **Was für Nachrichten hat Herr Kowalczyk bekommen? Lesen Sie und ordnen Sie zu.**

[ ] eine Bitte [ ] einen Kinderspaß
[ ] eine Anfrage [ ] einen Dank
[ ] einen Vorschlag [ ] eine Beschwerde

Hallo,

ich finde, in unserem Innenhof fehlt eine Schaukel für Kinder. Könnten wir vielleicht eine aufstellen? Was halten Sie von der Idee? Ich komme nochmal auf Sie zu.

Turaschwili

1

Sehr geehrter Herr Kowalczyk,

ganz herzlichen Dank für die Reparaturen bei mir in der Küche. Ihr Mitarbeiter hat alles perfekt ausgeführt.

Mit freundlichen Grüßen
Hintermeier

2

Wer das liest ist doof.

3

Im Fahrradkeller gibt es keinen Platz mehr. Bitte um Rückruf. 87654321. MfG, Großmann

4

Hallo Herr Kowalczyk,
die Lampe im Hauseingang ist kaputt. Würden Sie bitte mal danach gucken? Vielen Dank!
Gruß, Fernandes

5

Lieber Herr Kowalczyk, ich würde gern meine Wohnung streichen lassen. Was würde das denn bei Ihnen kosten? Vielen Dank und viele Grüße

M. Gallas

6

b **Wie sollte Herr Kowalczyk am besten reagieren? Diskutieren Sie.**

anrufen | ein Angebot machen | eine SMS schreiben | gar nichts tun | eine Rechnung schreiben | etwas erledigen | den Kunden besuchen

c **Wie sind die Nachrichten formuliert? Welche Unterschiede gibt es? Sammeln Sie.**

● In Nr. … gibt es keinen Gruß am Ende.
○ Der Kunde in Nr. … ist sehr höflich. Er schreibt …

2 **In welchen Berufen bekommt man Nachrichten von Kunden oder ähnlichen Personen? Welche? Haben Sie Erfahrungen damit? Tauschen Sie sich aus.**

> Herr Kowalczyk betreut als Hausmeister verschiedene Mehrfamilienhäuser. Die Mieterin Frau Ibrahim ruft ihn an, um sich zu beschweren.

B | Eine Beschwerde am Telefon entgegennehmen

1

▶ 45

a Was für ein Problem hat Frau Ibrahim? Worüber beschwert sie sich? Hören Sie und kreuzen Sie an.

▶ 45
ꙨꙨ
b Wie ist die Stimmung von Frau Ibrahim im Verlauf des Gesprächs? Hören Sie noch einmal. Zeichnen Sie eine Stimmungskurve und vergleichen Sie.

2

a Welche Redemittel nutzt Herr Kowalczyk, um Frau Ibrahim zu beruhigen? Markieren Sie.

» Entschuldigen Sie vielmals.

» Oh, das tut mir aber leid.

» Das hätte nicht passieren dürfen.

» Das war bestimmt mein Fehler.

» Keine Sorge, das kriegen wir hin.

» Ich kann in einer Stunde bei Ihnen sein.

» Ich kann Ihren Ärger wirklich verstehen.

» Selbstverständlich, Frau Ibrahim.

ꙨꙨ
b Wählen Sie eine Situation und spielen Sie einen Dialog. Verwenden Sie Redemittel aus 2a.

> **1.** Sie arbeiten in einer Änderungsschneiderei und haben eine Hose gekürzt. Der Kunde / Die Kundin beschwert sich: die Hosenbeine sind nicht gleich lang.

> **2.** Sie arbeiten in einem Restaurant als Bedienung. Ein Kunde / Eine Kundin beschwert sich: das Essen ist kalt.

3
ꙨꙨ
Haben Sie Erfahrungen mit Beschwerden bei der Arbeit? Welche? Wie kann man auf Beschwerden reagieren? Tauschen Sie sich aus und geben Sie sich Tipps.

> Herr Lefort arbeitet beim Kundenservice eines Fotohändlers. Per E-Mail bekommt er die Reklamation einer Kundin und beantwortet sie.

C | Eine schriftliche Reklamation beantworten

1 **Welches Problem hat die Kundin? Welche Lösung schlägt sie vor? Lesen Sie und kreuzen Sie an.**

1. [ ] Die Kamera hat die falsche Farbe.
   [ ] Die Kamera kam an die falsche Adresse.

2. [ ] Sie möchte sie zurückgeben.
   [ ] Sie behält sie, möchte aber weniger bezahlen.

Von: Ana Etxeberria
An: kundenservice@fotoshop.de
Betreff: Kamera falsch geliefert, Bestell-Nr. 247759

Sehr geehrte Damen und Herren,
ich habe bei Ihnen vor zwei Wochen eine Canon Ixus 140 in rot bestellt. Sie ist heute bei mir angekommen, nur leider haben Sie sie mir in grau geliefert. Da ich demnächst in Urlaub fahre, möchte ich ungern auf eine neue Kamera warten. Wenn Sie mir preislich entgegenkommen, würde ich daher das graue Modell behalten. Ich denke da an einen Betrag von 20 €.
Ich würde mich freuen, wieder von Ihnen zu hören.
Mit freundlichen Grüßen
A. Etxeberria

---

2 **a Was kann Herr Lefort antworten? Ergänzen Sie die Redemittel.**

das Problem | die falsche Lieferung | die Verwechslung | einen Rabatt von 30 € | die neue Lieferung | den Fehler | Missgeschicken | einen Gutschein für die nächste Bestellung

sich entschuldigen
» Für .... möchte ich mich bei Ihnen entschuldigen.
» .... bedaure ich sehr.

sich rechtfertigen / etwas begründen
» In der Urlaubszeit kommt es leider manchmal zu ....
» Vermutlich war .... unser Fehler.

etwas anbieten / ein Angebot machen
» Ich kann Ihnen gern .... anbieten.
» Ich schicke Ihnen .... zu.

etwas versprechen
» Ich werde mich persönlich um .... kümmern.
» .... kommt sicher nicht wieder vor.

b Sammeln Sie weitere Redemittel. Notieren Sie zu jeder Kategorie einen weiteren Satz.

3

a Mit welchen Präpositionen stehen die Verben? Suchen Sie in 1 und 2 und ergänzen Sie die Übersicht.

1. warten .... + Akkusativ

2. denken .... + Akkusativ

3. hören .... + Dativ

4. sich entschuldigen .... + Dativ .... + Akkusativ

5. kommen .... + Dativ

6. sich kümmern .... + Akkusativ

> **Verben mit Präposition**
> Viele Verben haben eine feste Präposition. Die Präposition bestimmt den Kasus der Ergänzung.

b Beantworten Sie die Fragen und achten Sie auf die Verben mit Präposition.

Bei wem beschwert sich Frau Etxeberria?
Worüber ärgert sie sich?
Worauf möchte sie nicht warten?
Worüber würde sie sich freuen?
Bei wem würde sie sich wahrscheinlich bedanken?

> **Verben mit Präposition**
> Frage nach Personen:
> Präposition + *wen?/wem?*, *für wen?*
> Frage nach Gegenständen:
> *Wo(r)* + Präposition, *wofür?*

4

a Schreiben Sie eine mögliche Antwort von Herrn Lefort. Ergänzen Sie.

```
Sehr geehrte Frau Etxeberria,

_____

_____

_____

_____

_____

_____

_____

_____

Ich hoffe, ich konnte Sie mit der Lösung zufriedenstellen.
Für Rückfragen stehe ich Ihnen jederzeit gerne zur Verfügung.
Mit freundlichen Grüßen

Paul Lefort
```

b Vergleichen Sie Ihre Antwort mit anderen Lernpaaren. Welche gefällt Ihnen am besten? Warum?

5 **Mussten Sie schon einmal im Beruf Reklamationen oder Beschwerden beantworten? Welche Erfahrungen haben Sie gemacht? Erzählen Sie.**

Herr Kowalczyk besucht seinen Kunden Herrn Maute. Herr Maute hat Schimmel im Badezimmer und fragt den Hausmeister, was er dagegen tun kann.

D | Ein Beratungsgespräch führen

1 **Welche Ratschläge würden Sie Herrn Maute geben? Sammeln Sie.**

gut lüften   Schimmelentferner verwenden

Schimmel im Bad

2 **a Was ist das Hauptproblem von Herrn Maute? Hören Sie und kreuzen Sie an.**

▶ 46

Herr Maute hat

[ ] kein Silikon an der Badewanne.

[ ] kein Fenster im Bad.

[ ] keine Kacheln im Badezimmer.

▶ 46 **b Was empfiehlt Herr Kowalczyk? Welche Tipps sind richtig, welche falsch? Hören Sie noch einmal und kreuzen Sie an.**

	richtig	falsch
1. Über das Fenster in der Küche lüften.	[ ]	[ ]
2. Badewanne und Kacheln nach dem Duschen abtrocknen.	[ ]	[ ]
3. Die Fugen mit einem Schimmelentferner einsprühen.	[ ]	[ ]
4. Das Silikon an der Badewanne reinigen.	[ ]	[ ]
5. Den Duschvorhang wegschmeißen.	[ ]	[ ]
6. Die Badezimmertür immer geschlossen lassen.	[ ]	[ ]

3 **In welchen Sätzen gibt Herr Kowalczyk Herrn Maute Ratschläge / Empfehlungen? Kreuzen Sie an.**

1. [ ] Ich empfehle Ihnen, nach dem Duschen immer über ein anderes Zimmer zu lüften.
2. [ ] Ich rate Ihnen, die Badewanne gleich nach dem Duschen abzutrocknen.
3. [ ] Das Silikon an der Badewanne müssen Sie erneuern.
4. [ ] Später können Sie das Silikon jede Woche mit einem Schimmelentferner einsprühen.
5. [ ] An Ihrer Stelle würde ich den Duschvorhang wegschmeißen.
6. [ ] Sie sollten immer die Badezimmertür offen lassen.
7. [ ] Wenn Sie wollen, kann ich Ihnen bei der Renovierung helfen.
8. [ ] Ich mache Ihnen am besten einen Kostenvoranschlag.

4 **a** Markieren Sie in 2b und 3 alle Nomen im Dativ.

b Ergänzen Sie die passenden Formen in der Tabelle.

	maskulin	neutral	feminin	Plural
Dativ	dem	....	....	den
	....	einem	einer	—
	Ihrem	Ihrem	....	Ihren

c Wo kann der Schimmel bei Herrn Maute im Bad überall sein? Welcher Artikel passt? Ordnen Sie zu.

der | einem | dem | der | den | seinem | den | der

1. in .... Fugen

   zwischen .... Kacheln

2. an .... Wand

3. an .... Decke

4. auf .... Silikon

   an .... Badewanne

5. an .... Duschvorhang

6. auf .... Regalbrett

> **Deklination: Dativ**
> Fast alle Nomen haben im
> Dativ Plural die Endung -n

 d Setzen oder legen Sie einen Gegenstand an verschiedene Orte. Wo ist er? Üben Sie.

● Auf dem Tisch!

○ Jetzt ist er ...

5 **a** Wählen Sie eine Situation und bereiten Sie ein Beratungsgespräch vor. Was möchten Sie den Kunden empfehlen? Machen Sie Notizen.

> **1.** Sie sind Friseur/in. Ein Kunde / Eine Kundin lässt sich zu Schnitt und Farbe beraten.

> **2.** Sie arbeiten in einem Reisebüro. Ein Kunde / Eine Kundin möchte sich zu einer Reise beraten lassen.

> **3.** Sie verkaufen Kleidung. Ein Kunde / Eine Kundin lässt sich zu einem neuen Outfit beraten.

> **4.** Sie sind Autohändler/in. Ein Kunde / Eine Kundin möchte ein neues Auto kaufen.

b Notieren Sie Redemittel, die Sie verwenden möchten, auf Kärtchen. Spielen Sie den Dialog.

» Ich empfehle / rate Ihnen ...

» Ich kann / würde Ihnen ... empfehlen / raten.

» Sie müssen / können / sollten ...

» Ich an Ihrer Stelle würde ich ...

» Wenn ich Sie wäre, würde ich ...

» Ich würde lieber / eher ...

» Möchten / Wollen Sie nicht lieber ...?

» Wenn Sie wollen, kann ich ...

» Wenn ich Ihnen einen Rat geben darf: ...

» Ich kann Ihnen einen Tipp geben: ...

> Herr Lazar ist Installateur und führt viele Gespräche mit Kunden. Er versucht dabei, möglichst höflich zu sein.

E | Höflich sprechen

1 Wie finden Sie die Aussagen? Höflich oder nicht sehr höflich? Hören Sie und kreuzen Sie an.

▶ 47

	1	2	3	4	5	6	7	8	9	10	11	12
höflich	[ ]	[ ]	[ ]	[ ]	[ ]	[ ]	[ ]	[ ]	[ ]	[ ]	[ ]	[ ]
nicht höflich	[ ]	[ ]	[ ]	[ ]	[ ]	[ ]	[ ]	[ ]	[ ]	[ ]	[ ]	[ ]

2 Was macht Sätze höflich? Lesen Sie, markieren Sie und ordnen Sie zu.

1. Wo tropft es?
2. Zeigen Sie mir bitte, wo es tropft.
3. Können Sie mir ein Handtuch geben?
4. Geben Sie mir ein Handtuch!
5. Würden Sie uns bitte nächste Woche anrufen?
6. Sie müssen uns nächste Woche anrufen.
7. Du rufst uns nächste Woche an!
8. Eimer! Gib her!
9. Würden Sie mir den Eimer geben?
10. Wissen Sie, wann das Silikon zuletzt erneuert wurde?
11. Sie sollen einen neuen Termin vereinbaren.
12. Könnten Sie noch einen Termin vereinbaren?

A. *bitte:* ....

B. *Sie:* ....

C. Modalverb *können:* ....

D. Konjunktiv II: 5, ...

E. indirekte Frage: ....

3 **a** Variieren Sie die höflichen Sätze und nutzen Sie verschiedene Möglichkeiten, Höflichkeit auszudrücken (A – E). Vergleichen Sie mit Ihrer Lernpartnerin / Ihrem Lernpartner.

b Welche Sätze sind besonders unhöflich? Warum? Diskutieren Sie.

● Satz 4 ist sehr unhöflich. Der Imperativ klingt wie ein Befehl.

4 Der Ton macht die Musik! Sprechen Sie die Sätze mit höflicher oder unhöflicher Intonation aus. Ihre Lernpartner bewerten mit + und –.

++ sehr höflich   + höflich   – unhöflich   – – sehr unhöflich

5 Wählen Sie eine Situation und schreiben Sie einen Dialog mit vielen höflichen Fragen. Spielen Sie den Dialog im Kurs vor. Wer war am höflichsten?

| **1.** Sie sind Friseur/in und rufen einen Kunden / eine Kundin an, um einen Termin zu verschieben. | **2.** Sie verkaufen in einer Bäckerei. Ein Kunde / Eine Kundin bezahlt ein Brötchen mit einem 100-€-Schein, Sie haben kein Wechselgeld. | **3.** Sie arbeiten als Bedienung in einem Restaurant. Ein Kunde / Eine Kundin bestellt etwas, das Sie nicht mehr haben. |

Teamfähigkeit Eigeninitiative Pünktlichkeit
Zuverlässigkeit **Kundenorientierung**
Freundlichkeit Motivation Interkulturelle Kompetenz
Konfliktfähigkeit Lernbereitschaft Flexibilität

F | Schlüsselqualifikation: Kundenorientierung

1 **Was kann die Redensart bedeuten? Sammeln Sie.**

„Der Kunde ist König.“

Man sollte …
- freundlich zu Kunden sein
○ Kunden helfen

2 **Finden Sie, dass Kunden in Deutschland wie Könige behandelt werden?**
Wie sind Ihre Erfahrungen als Kundin / Kunde? Tauschen Sie sich aus.

3 **Finden Sie die Personen in den Situationen kundenorientiert? Diskutieren Sie.**

1. Ein Verkäufer in einem Schuhgeschäft fragt alle, die in den Laden kommen: Kann ich Ihnen helfen?

2. Eine Friseurin empfiehlt allen Kunden beim Bezahlen spezielle Pflegeprodukte (Shampoo, Spülung etc.).

3. Ein Hausmeister verschickt jedes Jahr an alle Kunden Glückwunschkarten zu Weihnachten.

4. Ein Kunde probiert in einem Kaufhaus einen Anzug an. Er ist sich nicht sicher, ob er ihm gefällt. Die Verkäuferin macht ihm Komplimente.

5. Ein Kellner bedient eine Familie. Sie bestellen Hauptspeisen und nicht alkoholische Getränke. Er empfiehlt zusätzlich Wein, Vor- und Nachspeisen.

6. Eine Kundin hat eine Fahrradpumpe gekauft, die nicht funktioniert, und möchte sie zurückgeben. Sie erhält kein Geld, sondern einen Gutschein. Als sie sich beschwert, bietet ihr die Mechanikerin an, kostenlos ihr Fahrrad aufzupumpen.

7. Der Chef einer Autowerkstatt gibt einem Kunden die Rechnung für eine Reparatur und sagt: Das Auto war so schmutzig, wir haben es gereinigt, zum Sonderpreis!

- Den Kellner finde ich aufdringlich. Er sollte seine Kunden in Ruhe lassen.
○ Warum? Ich finde es gut, dass er etwas empfiehlt. Sie müssen es ja nicht bestellen.

4 **In welchen Berufen und Tätigkeiten ist Kundenorientierung wichtig? Sammeln Sie.**

Taxifahrer, …

5 **Wie wichtig ist Kundenorientierung in Ihrem Herkunftsland? Wie zeigt man sie? Tauschen Sie sich aus.**

Wörter und Wendungen: Der Kunde ist König

Selbstständigkeit

sich selbstständig machen

die Existenzgründung, -en Existenzgründungsseminar

die Hilfe, -n finanzielle Hilfen bekommen

beschäftigen Mitarbeiter beschäftigen

der Auftrag, ¨e Aufträge erhalten

die Buchführung (nur Sg.)

Nachrichten von Kunden verstehen

die Nachricht, -en

der Kunde, -n

die Kundin, -nen

die Bitte, -n

die Beschwerde, -n

gucken nach + Dat. Würden Sie bitte danach
gucken?

kosten Was würde das kosten?

halten von + Dat. Was halten Sie von der Idee?

zukommen auf + Akk. Ich komme auf Sie zu.

eine Beschwerde am Telefon entgegennehmen

sich beschweren über + Akk.

passieren Das hätte nicht passieren dürfen.

der Fehler, - Das war mein Fehler.

die Sorge, -n Keine Sorge!

hinkriegen Wir kriegen das hin.

der Ärger (nur Sg.) Ich verstehe Ihren Ärger.

eine schriftliche Reklamation beantworten

die Bestellung, -en

die Reklamation, -en

liefern

zurückgeben

behalten

die Verwechslung, -en

das Missgeschick, -e

der Gutschein, -e

vermutlich

sich entschuldigen für + Akk. Ich möchte mich
für den Fehler entschuldigen.

bedauern Ich bedaure die Verwechslung sehr.

vorkommen Das kommt nicht wieder vor.

sich ärgern über + Akk.

sich freuen über + Akk.

hören von + Dat. Ich freue mich, wieder von
Ihnen zu hören.

sich bedanken bei + Dat.

die Rückfrage, -n Für Rückfragen stehe ich Ihnen
jederzeit zur Verfügung.

ein Beratungsgespräch führen

empfehlen Ich empfehle Ihnen, …

raten Ich rate Ihnen, …

die Stelle, -n An Ihrer Stelle würde ich …

der Tipp, -s Ich kann Ihnen einen Tipp geben: …

lieber Ich würde lieber …

eher Ich würde eher …

Markieren Sie Wörter und Wendungen, die Sie nicht verstehen. Wo stehen sie in der Lektion? Verstehen
Sie sie im Kontext? Wenn Sie Hilfe brauchen, fragen Sie Ihre Lernpartner oder Ihre Kursleitung.

Welche 7 Wörter möchten Sie sich merken? Spielen Sie „Wörter raten": Notieren Sie für
jeden Buchstaben einen Strich, die anderen nennen nacheinander Buchstaben. Ergänzen Sie
die richtigen Buchstaben. Wer das Wort zuerst errät, hat gewonnen.

A!

D!

……… ……… ……… ...d.… ………

Grammatik im Überblick

Verben mit Präposition

Frau Etxeberria beschwert sich über eine falsche Lieferung.	sich beschweren **über + Akk.**
Sie möchte nicht auf eine neue Kamera warten.	warten **auf + Akk.**
Herr Lefort entschuldigt sich bei ihr für den Fehler.	sich entschuldigen **bei + Dat. für + Akk.**
Er hat aber nichts von einem Problem in der Firma gehört.	hören **von + Dat.**

Viele Verben stehen im Satz mit einer oder zwei festen Präpositionen. Die Präposition bestimmt den Kasus der Ergänzung.

Bei wem bedankt sich Herr Lefort?   **Wofür** bedankt er sich?
Über wen ärgert sich Frau Etxeberria?   **Worüber** ärgert sie sich?

Nach Personen fragt man mit: Präposition + *wen? / wem?*
Nach Gegenständen fragt man mit: *Wo(r)* + Präposition

Deklination: Dativ

Bestimmter Artikel

	maskulin	neutral	feminin	Plural
Dativ	dem Kunden	dem Kind	der Kundin	den Mitarbeitern

Unbestimmter Artikel

	maskulin	neutral	feminin	Plural
Dativ	einem Kunden	einem Kind	einer Kundin	Mitarbeitern

Negativartikel

	maskulin	neutral	feminin	Plural
Dativ	keinem Kunden	keinem Kind	keiner Kundin	keinen Mitarbeitern

Possessivartikel

	maskulin	neutral	feminin	Plural
Dativ	meinem / … Kunden	meinem / … Kind	meiner / … Kundin	meinen / … Mitarbeitern

Wichtige Verben mit Dativ: antworten, danken, fehlen, folgen, gefallen, gehören, glauben, gratulieren, helfen, schmecken.

Präpositionen mit Dativ: aus, bei, mit, nach, von, seit, zu

Höfliche Sprache

1. *bitte* im Satz – Zeigen Sie mir bitte, wo es tropft.
2. Ansprache von Fremden: *Sie*
3. Modalverb *können* – Können Sie mir ein Handtuch geben?
4. Konjunktiv II: *Würden / Hätten / Wären / Könnten Sie …* – Könnten wir einen Termin vereinbaren?
5. indirekte Frage – Wissen Sie, wer den Wasserhahn eingebaut hat?

Szenario: Lektion 11 und 12

Lesen Sie die Situationsbeschreibung. Verteilen Sie die Rollen. Bereiten Sie die Aufgaben vor: Suchen Sie passenden Wortschatz und Redemittel. Ihre Kursleitung hilft Ihnen bei der Auswahl der Materialien und bei Fragen. Üben Sie die einzelnen Schritte und üben Sie dann das komplette Szenario.

Situation:

Eine Person arbeitet nebenberuflich als Maler / Malerin. Sie bekommt von einer/m Bekannten eine Nachricht. Die Person führt ein Beratungsgespräch und renoviert die Wohnung der/s Bekannten. Danach stellt sie eine Rechnung. Die / der Bekannte beschwert sich am Telefon über die Rechnung. Die Person antwortet per Mail und verschickt eine neue Rechnung.

Material / Notizen (Kursleitung)

Schritt 1 Nachrichten von Kunden verstehen

Person	**Bekannte/r**
· liest die Nachricht	· möchte die Wohnung renovieren lassen und schreibt kurze Nachricht · bittet um ein Beratungs-gespräch

Schritt 2 ein Beratungsgespräch führen

→ Notizen mit möglichen Renovierungsarbeiten

Person	**Bekannte/r**
· bietet der/m Bekannten an, die Wohnung zu renovieren · berät, was sie machen würde	· geht auf Vorschläge ein · entscheidet, was gemacht werden soll

Schritt 3 eine Rechnung schreiben

→ Liste mit durchgeführten Arbeiten

Person	**Bekannte/r**
· schreibt eine Rechnung für die Renovierung der Wohnung	· liest die Rechnung und findet einen Fehler

Schritt 4 eine Beschwerde entgegennehmen

Person	**Bekannte/r**
· reagiert auf die Beschwerde am Telefon	· beschwert sich über die fehlerhafte Rechnung

Schritt 5 auf eine Beschwerde antworten

Person	**Bekannte/r**
· korrigiert die Rechnung · antwortet per Mail und verschickt die neue Rechnung	· liest die Mail

Rückblick: Schlüsselqualifikationen

1 Über welche Schlüsselqualifikationen haben Sie in den Lektionen etwas gelernt? Welche sind für Sie wichtig? Ergänzen Sie die Tabelle.

	Das habe ich im Unterricht gemacht! ✔	Das ist für mich wichtig! ✔	Das war für mich interessant (Stichworte):
Freundlichkeit			
Motivation			
Zuverlässigkeit			
Interkulturelle Kompetenz			
Eigeninitiative			
Flexibilität			
Teamfähigkeit			
Lernbereitschaft			
Pünktlichkeit			
Konfliktfähigkeit			
Kundenorientierung			

2 **a** Welche Schlüsselqualifikationen haben Sie, die für Ihren nächsten Arbeitsplatz besonders wichtig sind? Notieren Sie 3 Adjektive.

Ich bin: 1. ....   2. ....   3. ....

b In welcher Situation (Beruf, Praktikum, privat) konnten Sie sie bereits zeigen? Notieren Sie.

1. ....

2. ....

3. ....

c Vergleichen Sie Ihre Notizen in 2a mit denen auf S. 15. Hat sich Ihre Auswahl verändert? Warum (nicht)?

3 **a** Welche Schlüsselqualifikationen möchten Sie für sich persönlich noch ausbauen? Notieren Sie.

Ich möchte .... werden.

b Was können Sie dafür tun? Diskutieren Sie mit Ihren Lernpartnern und notieren Sie.

Dafür kann ich: ....

....

Lösungen

Lektion 1

A | Über beruflich relevante Kompetenzen sprechen

1a Verkäufer: mit Menschen umgehen, mehrere Dinge gleichzeitig tun, rechnen, schwer tragen; Bürokauffrau: mehrere Dinge gleichzeitig tun, schnell arbeiten, auf Deutsch schreiben, rechnen, mit dem Computer umgehen; Krankenpflegerin: mit Menschen umgehen, schwer tragen; Lagerist: Maschinen bedienen, schwer tragen, Dinge reparieren; Köchin: kochen, mehrere Dinge gleichzeitig tun, organisieren; Ingenieur: Mitarbeiter führen, Probleme lösen, Maschinen bedienen, Dinge reparieren, mit dem Computer umgehen, zeichnen

B | Sich über Berufsfelder informieren

1a [3] Koch / Köchin; [10] Bürokaufmann / Bürokauffrau; [7] Verkäufer / Verkäuferin; [9] Ingenieur / Ingenieurin; [1] Krankenpfleger / Krankenpflegerin; [4] Lagerist / Lageristin (auch andere Zuordnungen möglich)

C | Berufliche Ziele und Pläne beschreiben

2a wollen / willst … machen; möchte … arbeiten; möchten / möchtest … arbeiten; würde … arbeiten

2b 1. Wunsch; 2. starker Wunsch, Plan; 3. vorsichtiger Wunsch

D | Fragen zur beruflichen Orientierung verstehen

1b Beruf / Berufserfahrung, Gespräch bei der Agentur für Arbeit, alternative Pläne, Computerkenntnisse, Praktikum, Kindergartenplatz

1c 2.; 3.

2 1., 3. Notwendigkeit; 2., 4. Empfehlung

E | Aktiv zuhören

2a Hmhm. Ja. Verstehe. Oh je.

2b Überraschung: So was. Ach so. Mitleid: Oh je. Skepsis: Na ja.

2c Hmhm.

F | Schlüsselqualifikationen

1 Kompetenzen, die der Schlüssel zum Erfolg …

2a 1. c.; 2. g.; 3. a.; 4. b.; 5. d.; 6. h.; 7. e.; 8. f.

4a 50 % Fachwissen / 50 % Schlüsselqualifikationen

Lektion 2

Mario Montenari, LKW-Fahrer

1 Busfahrer werden

A | In Beratungsgesprächen Fragen stellen

1c 1. Welche; 2. Was für einen; 3. Was; 4. Bezahlen, bezahlen; 5. Bekomme; 6. Wo

2a a. 4; b. 1; c. 3; d. 6; e. 2; f. 5

3a

1. Wo	finde	ich	einen Kurs?
2. Was …	empfehlen	Sie	mir?
	Bezahlen	Sie	den Kurs?
	Bekomme	ich	Arbeitslosengeld, …

3b ja / nein: Frage 3, 4; Informationen: Frage 1, 2

B | Im Internet Stellenangebote finden

1a 1. allgemeine Stellenbörsen; 2. Stellenbörse der Agentur für Arbeit; 3. Stellenbörsen für spezielle Branchen; 4. Internetseiten von Zeitungen; 5. Internetseiten von Firmen

C | Informationen zu einem Stellenangebot verstehen

1c Fahrpraxis, Tagesfahrten, Schichtdienst, Wochenendfahrten

2a 1. c.; 2. d.; 3. e.; 4. a.; 5. b.

2b aber, denn, …: Position 0; Verb: Position 2

D | Einen Lebenslauf schreiben

1a Persönliche Daten, Berufstätigkeit, Fort- und Weiterbildung, Schul- und Ausbildung, Weitere Kenntnisse

1b 1. dem 1. Schultag; 2. für jedes Jahr; 3. am Anfang; 4. Schulabschluss; 5. die Unterschrift

E | Im Gespräch Emotionen zeigen

1 [2] unsicher; [4] freundlich; [1] mit Nachdruck; [3] aggressiv

2a angemessen und hilfreich: mit Nachdruck, freundlich; unpassend: unsicher, aggressiv

2b Umschulung wichtig: er kann sich sonst nicht um Kinder kümmern, Frau kann nicht arbeiten, Arbeitslosengeld zum Leben nötig

3a mit Nachdruck: eher laut, eher langsam, mit viel Melodiebewegung; freundlich: eher laut, eher schnell, mit viel Melodiebewegung

4a aber, ja, eigentlich, doch, denn

4b emotionaler

F | Schlüsselqualifikation: Freundlichkeit

2a profitieren: der Kunde, der Unternehmer, das Personal; Vorteile: Freude bei der Arbeit, Erfolg

Lektion 3

Ayşe Özkan, Friseurin

2a vormittags
2b Friseur/in Minijob oder Teilzeit (vormittags)

A | Stellenanzeigen lesen und verstehen

1a 1. das Personalbüro; 2. ihren Lohn / ihr Gehalt
1b A: Ihre Aufgaben: … und Behörden; B: Wir bieten Ihnen: … und fachliche Weiterbildung; C: Sachbearbeiter/in (Lohn und Gehalt); D: FEIN-KOST RUDI; E: Frau Anastasia Heber; F: Ihr Profil: … und SAP (HR)
2a 1. vorbereiten; 2. aktualisieren; 3. beraten; 4. zusammenarbeiten
2b das Vorbereiten, die Pflege, die Bewerbung, die Aktualisierung, die Abrechnung, die Beratung, das Durchführen, die Zusammenarbeit
3a 1: C, D, F; 2: B, C; 3: B; 4: B, C, D; 5: C, D, E
3c Anzeige 3

B | Eine Bewerbung schreiben

1a [2] [5] [1] [3] [4]
1b [H] soziale Kompetenz; [G] Bezug zur Anzeige; [B] Adresse der Firma; [K] Unterschrift; [E] Anrede; [I] Bezug zum Unternehmen; [A] eigene Adresse; [F] Fachkompetenz; [J] Grußformel; [D] Betreff; [C] Ort und Datum
3 Ihre Anzeige … habe ich mit großem Interesse gelesen und bewerbe mich hiermit um die Stelle als …; Ich habe Erfahrungen in …; Im Moment mache ich ein Praktikum bei …; Ich würde Sie gern bei Ihrer Arbeit unterstützen.

4a

In Afghanistan	habe	ich …	gearbeitet.
Ich	kann	mich …	einfügen.
Ich	arbeite	schnell …	–
Im Moment	mache	ich …	–

4b Das Subjekt steht auf Position 1 oder 3. Auf Position 1 können das Subjekt und wichtige Informationen stehen, z. B. Zeit- und Ortsangaben.
4c 4 Sätze

C | Über den beruflichen Werdegang sprechen

1a Ausbildung, Berufstätigkeit in England, Umzug nach Deutschland, Familienphase, Berufstätigkeit in Deutschland

1b + 2a 1. c. / habe gemacht; 2. e. / hatte; 3. d. / habe kennen gelernt; 4. g. / bin gezogen; 5. b. / habe besucht; 6. h. / war; 7. f. / sind gekommen; 8. i. / sind geworden; 9. a. / habe entdeckt
2b habe; bin; habe
2c hatte, war

D | Im Vorstellungsgespräch Fragen verstehen

1b 1., 2., 4., 5., 7., 8., 9., 10.
1c [5] Gehaltsvorstellungen; [1] Informationen über den Arbeitgeber; [4] Motivation für die Bewerbung; [7, 8] persönliche Eigenschaften; [2] Pläne für die berufliche Zukunft
2a 9.

E | Small Talk führen

1b 2.; 3.; 6.; 7.
2a Wetter, Umgebung, Sport, Verkehr
3 zu lang, zu emotional

F | Schlüsselqualifikation: Motivation

1a Motivierte Mitarbeiter: gehen bei Problemen auf den Vorgesetzten zu; sehen von alleine, was zu tun ist; melden sich, wenn Aufgaben verteilt werden; machen auch mal Überstunden, wenn es nötig ist. Unmotivierte Mitarbeiter: quatschen ständig mit den Kollegen; machen in Teamsitzungen nicht den Mund auf; machen Dienst nach Vorschrift, kommen nicht zu Betriebsversammlungen und -feiern

Lektion 4

Manee Kantawong, Köchin

1a [1] im Branchenbuch recherchieren und anrufen; [2] Online-Stellenbörsen durchsuchen; [4] Aushänge machen; [3] persönliche Kontakte nutzen; [5] sich direkt vorstellen
2 3: persönliche Kontakte nutzen

A | Einen Termin vereinbaren

1 1. Ich möchte … vereinbaren. 2. Wie wäre es um …? 3. Das ist schwierig, … 4. Prima, dann komme ich am … um …
2a 1. Könnten wir … vereinbaren? / Ich möchte gerne absprechen, wann … 2. Wie sieht es … aus? / Ich kann … bei Ihnen? 3. Ja, das geht. / Einverstanden. / Oh, das wird knapp, … / Tut mir leid, da habe ich … / Ja, das ist möglich. / Das geht leider nicht. 4. Also, dann bis … / Schön, dann bis …

B | Eine Wegbeschreibung verstehen

1a zu einer Belehrung über Infektionsschutz
1b bis zur Isabellastraße; die Parkstraße entlang; in den dritten Stock …
1c hinter der Haltestelle Isabellastraße
2b Dativ: bis zu, gegenüber; Akkusativ: entlang, um … herum; beides: zwischen, hinter, über, in

C | Duzen und siezen

2a 1: du; 2: Sie; 3: du; 4: Sie; 5: du
2b 1: Kollege oder Auszubildender; 2: Vorgesetzte; 3: Auszubildender; 4: Kollegin oder Vorgesetzte; 5: Kollegen
3a Ihnen, Sie, Sie; du, dich, dir; ihr, euch
4a Situation 1: der Chef; Situation 2: der Mitarbeiter
4b Situation 1: Habe ich … aufpassen. / Entschuldigung, ich verwechsle …; Situation 2: Entschuldigung, aber ich möchte … / Entschuldigung, aber sind wir … / Wenn Sie möchten, können …

D | Einen Praktikumsbericht schreiben

2a Name: L. Elber; Praktikumsbetrieb: Copyshop Farbenfroh; Tätigkeit: Techniker / Hilfskraft; Zeitraum: 13.5. bis 7.6.2014; Ansprechpartner/in: E. Berger
2b Wie seine Kollegen heißen. / Wann er Pause gemacht hat.
3a 1. Farbkopierer reparieren; 2. Toner wechseln; 3. mit Kunden telefonieren; 4. Kunden bedienen; 5. Entfernen von Papierstau

E | Schriftliche Arbeitsanweisungen verstehen

1b 5: a.; 1: b.; 4: c.; 2: d.; 3: e.
1c 3
2a höfliche Frage; Infinitiv ohne Subjekt; *sein + zu* + Infinitiv; Imperativ (mit *bitte*)

F | Schlüsselqualifikation: Zuverlässigkeit

2a sich andere auf dich verlassen können; du deine Aufgaben erfüllst; du gewissenhaft bist, pünktlich zur Arbeit erscheinst; verantwortungsvoll mit den Kundinnen und Kunden umgehst; du alle nötigen Materialien am Arbeitsplatz hast; du Versprechen einhältst; auch tatsächlich die Vertretung für eine Kollegin übernimmst; du bei Reklamationen sofort eine Lösung suchst
2b macht das, was sie machen soll; hat alles, was sie für die Arbeit braucht, zur Hand; hält ihre Versprechen; kommt pünktlich zur Arbeit; reagiert auf Reklamationen

Lektion 5

A | Einer allgemeinen Einweisung folgen

1c Dienstplan gilt immer ~~für 2 Wochen~~ für einen Monat; Schicht tauschen okay, wenn Kollege kann – Özulas ~~vorher fragen~~ informieren; bei Problemen immer ~~Frau Meier~~ Herrn Özulas fragen

B | Die Sprecherrolle übernehmen und abgeben

1a Herr Costa (A): Warum … B: Er unterbricht …
1b mit den Pausen im Gespräch
1c Sprecherwechsel mit Pausen: B; Paralleles Sprechen: A
1d durch Pausen
3a Kunden, Vorgesetzte, Lehrer
3b Entschuldigung, darf ich … / Entschuldigung, dazu … / Entschuldigen Sie, wenn ich … / Ich unterbreche Sie ungern …

C | Sich an einem neuen Arbeitsplatz vorstellen

1a 4: auf dem Weg in die Kantine; 5: am Telefon; 2: in einem Büro; 1: an der Pforte; 3: in der Kaffeeküche
1b 1. d.; 2. a.; 3. e.; 4. b.; 5. c.
1c formell: 1., 2., 5.; informell: 3., 4.
2a Wie war noch mal Ihr Name? Arbeiten Sie auch hier in der Abteilung? In welcher Abteilung seid ihr?
3a 1. bin; 2. ist, ist; 3. seid, sind; 4. sind
5a arbeitet, Kommen, lebe, kennen, gehen, Kennst, heiße, fange, freuen
5b ich kenne, du kennst, Sie kennen (formell), er / es / sie kennt, wir kennen, sie kennen
5c sie arbeitet, ihr arbeitet, er arbeitet, wir kommen, Sie kommen, sie kommen, ich lebe, sie kennen sich … aus, Sie kennen sich … aus, wir gehen, Sie gehen, sie gehen, du kennst, ich bin, ich heiße, ich fange … an, Sie freuen sich, sie freuen sich

D | Einen Arbeitsvertrag lesen

1 1. Arbeitszeit; 2. Urlaub; 3. Krankheit; 4. Tätigkeit; 5. Probezeit; 6. Arbeitsvergütung; 7. Kündigung
2a § 2 Probezeit; § 3 Tätigkeit; § 4 Arbeitsvergütung; § 5 Arbeitszeit; § 6 Urlaub; § 7 Krankheit; § 10 Kündigung
2b 1. 37,5 Stunden / Woche; 2. 36 Werktage im Kalenderjahr; 3. den Arbeitgeber informieren, ärztliche Bescheinigung vorlegen; 4. Warenannahme, Auffüllen der Regale, Kassiertätigkeiten, Bedienen und Beraten der Kunden, Aushilfe an der Wurst- oder Käsetheke u. a.; 5. 3 Monate; 6. 1400 € brutto im Monat; 7. 4 Wochen zum Ende des Monats

2c 1. hat einen unbefristeten Vertrag; 2. wenn nötig; 3. mit niemandem; 4. muss SUPER fragen, …; 5. muss auf jeden Fall schriftlich kündigen.

3a Arbeitsvertrag, Arbeitgeber, Arbeitnehmerin, Arbeitsverhältnis, Arbeitszeit, Arbeitsverhinderung, Arbeitsunfähigkeitsbescheinigung

F | Schlüsselqualifikation: Interkulturelle Kompetenz

2 sollen wissen, dass es kulturelle Unterschiede gibt; sollen darüber nachdenken, dass Unterschiede nicht nur von der Kultur abhängig sind

Lektion 6

Abdul Karimi, Lagerist

1b Das gefällt ihm: internationales Team, Spaß haben und viel lachen, den ganzen Tag Deutsch sprechen, körperlich arbeiten, Arbeitszeiten. Das Gehalt gefällt ihm nicht.
2 den Gabelstaplerführerschein

A | Eine Sicherheitsunterweisung verstehen

1a + 1b 1. Ansprechpartner/innen …; 3. Ordnung und Sauberkeit …; 4. Tragen von Arbeitskleidung; 6. Verhalten im Brandfall …; 7. Verbote …
1c 1. Sicherheitsbeauftragte; 2. Rettungswege; 3. ein Haarnetz; 4. die Feuerwehr; 5. Alkohol trinken
2 1. Halten Sie; 2. Halten Sie; 3. Tragen Sie; 4. Verwenden Sie; 5. Wählen Sie
3 müssen: Pflicht; nicht dürfen: Verbot

B | Ein Organigramm verstehen

1c 1. Buchhaltung; 2. Personal; 3. EDV; 4. Verkauf; 5. Marketing
2 GF: Geschäftsführer; BR: Betriebsrat; QM: Qualitätsmanagement; BuHa: Buchhaltung; SIBE: Sicherheitsbeauftragte

C | Eine Anfrage schreiben

1 Geld, das der Arbeitgeber … bezahlt.
2a + 2b 1. Anfrage …; 2. Sehr geehrte Frau …; 3. Dieses sende ich …; 4. Können Sie …; 5. Vielen Dank …; 6. Mit freundlichen Grüßen

D | Jemanden um Hilfe bitten

1a 1. d.; 2. e.; 3. a.; 4. b.; 5. f.; 6. c.
2a c.
2b 1. Hätten; 2. Wärst; 3. Könntest; 4. Würdet …

2c haben: Sie hätten; sein: du wärst; können: wir könnten, Sie könnten, du könntest; würde_ + Infinitiv: ihr würdet … mitbringen, du würdest … erklären

E | Das Verstehen sichern

2a Wie bitte? Können Sie …; Ich verstehe Schwäbisch …
3a [1] er wiederholt …; [5] er unterbricht …; [4] er macht einen eigenen Vorschlag; [3] er lässt sich etwas zeigen; [2] er fragt nach

F | Schlüsselqualifikation: Eigeninitiative

2a Maschinenführer: Vorschläge einbringen; Mitarbeiterin Kantine: Essen netter präsentieren; Praktikant: Altpapier bündeln
2c Nachteile: kann auch unbequem werden; Vorschläge bedeuten für die anderen vielleicht mehr Arbeit; Kollegen sind neidisch, weil der engagierte Mitarbeiter mehr geschätzt wird und Karriere macht; kann auch für das Unternehmen schädlich sein; wenn die Mitarbeiter nur ihren eigenen Vorteil sehen, kann das zu Konflikten führen

Lektion 7

Flor López, Sekretärin

1 Anerkennung als Kauffrau für Bürokommunikation; als Aushilfe
2a mehr Geld, Festanstellung, unbefristeter Vertrag, Weiterentwicklung, eine Stelle im erlernten Beruf finden

A | Telefongespräche annehmen

1a 1: im Büro mit einem Kollegen; 2: zu Hause / am Handy mit einer Freundin; 3: im Büro mit einer Kundin
1b Haus und Hof, Jensen, guten Tag. / Jensen am Apparat. / Jensen.
1d A: Hallo …! Lange nichts … / Hi … Danke für …; B: Hallo Herr / Frau … Was gibt's? / Grüß Gott, Herr / Frau … Ich wollte …; C: Guten Tag, Herr / Frau … Was kann ich für Sie tun?
2a 1. hier / Eine Minute / suche ihn; 2. auf der Toilette; 3. er unterhält sich mit einer Kollegin; 4. Alles klar? 5. Ist der Anruf vielleicht privat?
5a 1. unter; 2. aus; 3. weiter; 4. ver; 5. durch
5b mit trennbarer Vorsilbe: zurückrufen, anrufen, durchstellen, ausrichten, weiterhelfen; mit untrennbarer Vorsilbe: verbinden, sich unterhalten, versuchen

B | Eine Telefonnotiz schreiben

2a Für: Herrn Meier; Von: Frau Lopez; Anrufer: Herr Müller; Telefon: 0150 78563410, Anrufer bittet um Rückruf (auch möglich: Termin)

2b ist Mieter in der Emiliastraße; hat eine kaputte Heizung im Schlafzimmer; sagt, dass die Handwerker nicht gekommen sind; möchte einen neuen Termin

2c Heizung kaputt. Termin heute. Handwerker nicht gekommen. Neuen Termin vereinbaren.

C | Eine Anfrage am Telefon verstehen

1a einen Zahlungseingang kontrollieren.

1b 1. richtig; 2. falsch; 3. falsch; 4. richtig; 5. richtig

1c freundlich: 1., 3.; alles richtig verstehen: 2., 4.; genauere Informationen: 5.

1d Genau. / Richtig. / Stimmt. / Ach so! / Gut. / Alles klar.

D | Missverständnisse ansprechen

1c A: Ich glaube, das … / Das habe ich … / Vielleicht habe ich mich … / So habe ich das nicht gemeint. B: Ich glaube, ich habe Sie … / Oh, tut mir leid, ich hatte … / Habe ich vielleicht etwas … / Ich weiß nicht, ob ich Sie richtig … / Entschuldigung. Können Sie … / Entschuldigung, ich habe das nicht …

4a [4] a.; [3] b.; [1] c.; [2] d.

4b a.–d.

4c Wissen Sie vielleicht, **wo** … liegen ? Kannst du mir sagen, **wie** ich … muss ? Ich bin nicht sicher, **ob** … stimmt . Ich habe leider nicht verstanden, **was** Sie … haben .

E | Einen offiziellen Brief verstehen

1 eine Einladung zu einem Treffen

2a Wer: Martina Herrmann, Betriebsratsvorsitzende; Wem: Kolleginnen und Kollegen; Warum: Einladung zur Betriebsversammlung; wichtige Informationen: Mittwoch, den 29. Oktober 2014 von 14.00 Uhr bis 16.00 Uhr in der Kantine, Vorschläge melden, dauert ca. 2 Stunden, während der Arbeitszeit, es dürfen alle Beschäftigten und Aushilfen teilnehmen

2b 1. ~~vormittags~~ nachmittags; 2. ~~nur der Betriebsrat~~ Es sprechen der Betriebsrat, die Geschäftsführung, die Sicherheitsbeauftragte, ein Gast von der Gewerkschaft. 3. ~~Freizeit~~ Arbeitszeit; 4. ~~auch~~ nicht

Lektion 8

A | An einer Teambesprechung teilnehmen

2 Überstunden, Schichtplan August, Qualitätsmanagement, Sommerfest

3a siehe Markierung in 3 b

3b 1. Ich kann berichten, dass … / Bei uns hat sich gezeigt, dass … / Wir haben die Erfahrung gemacht, dass … / Bei mir war es so: …; 2. Ich denke, … / Meiner Meinung nach … / Aus meiner Sicht … / Ich finde, …; 3. Eine Möglichkeit wäre vielleicht … / Vielleicht könnte man … / Ich schlage vor, dass …; 4. Ich würde … Ist das möglich? / Ich würde gern …, wenn es geht.

4a 2. ist ausgefallen, ausfallen; 3. haben eingeführt, einführen; 4. sind gefahren, fahren; 5. haben geplant, planen; 6. Habt vergessen, vergessen

4c ge-…-t/-et: geplant; …-ge-…-t: ausgemacht, eingeführt; ge-…-en: gefahren; …-ge-…-en: ausgefallen; …-en: vergessen

5 1. musste; 2. wollte; 3. konnten

B | Mündliche Arbeitsanweisungen verstehen

1b 1: C; 2: B; 3: A; 4: D

1c den neuen Roboter; Herrn Fuhrmann; zur Besprechung mitbringen; Herr Smirnow dem Kunden aus Leverkusen

2a schickt: Herrn Fuhrmann / wem? (Dativ), Herr Smirnow / wer? (Nominativ), die Testergebnisse / was? (Akkusativ); antwortet: Herr Smirnow / wer? (Nominativ), dem Kunden / wem? (Dativ); bringt … mit: Herr Smirnow / wer? (Nominativ), die Skizze / was? (Akkusativ)

2b 1. Akkusativ; 2. Dativ; 3. Akkusativ; 4. der Praktikantin: Dativ, das E-Mail-Programm: Akkusativ

C | Nachfragen

2a Fragen, Zeit; nachfragen; Informationen; erklären; machen

D | Ein Qualitätsmanagement-Handbuch lesen

1b Qualität, Formularen, zuständig, Fehler, verbessern

2 2.3 Kundenreklamationen

3a sie muss den Projektleiter informieren und eine Kopie der Reklamation ablegen

3b 2., 3.

E | Eine Fehlermeldung schreiben

2 Fehlerbeschreibung: 1.; Fehlerursache: 3.; Eingeleitete Korrekturmaßnahmen: 2.; Fehler wurde bekannt: intern (Mitarbeiter); Meldung von: Schiefer

F | Schlüsselqualifikation: Teamfähigkeit

2a ist die Qualität der Arbeit besser, kann man sich gut austauschen, tragen alle gemeinsam Verantwortung, leistet man mehr, kontrolliert man sich gegenseitig, wird die Arbeit immer besser
2b Teamarbeit funktioniert nicht, wenn es Konflikte im Team gibt. Teamarbeit ist schwierig, wenn die Mitarbeiter Arbeit in Hierarchien gewohnt sind.

Lektion 9

Grace Mukamana, Systemadministratorin
1a Die Umschulung
1b 1. richtig; 2. richtig; 3. falsch; 4. falsch; 5. richtig

A | Rückfragen und Anweisungen verstehen

2a der Drucker druckt nicht
2b 1., 3., 5., 6.
3 Okay, hab ich gemacht. / In Ordnung. / Ja, das sehe ich. / Erledigt. / Einen Moment.
4a 1. einen, keinen; 2. eine, Mein; 3. den; 4. die; 5. ein; 6. das; 7. einen
4b maskulin Nominativ: mein; Akkusativ: den, einen / keinen; neutral: das, ein; feminin: eine

B | Wörter umschreiben

1a 1. D; 2. E; 3. C; 4. B; 5. A
1b [1] einen Oberbegriff nutzen; [1] sagen, was man damit machen kann; [4] sagen, wie es aussieht; [2] ein Füllwort ohne Bedeutung nutzen; [5] das Wort weglassen; [3] das Material nennen
2b A: Fenchel; B: Unterlegscheibe; C: Korkenzieher

C | Telefonisch etwas bestellen

1a weiß, mit Kabel, ergonomisch
1b Wie sieht es mit Skonto aus?

D | Einer Bedienungsanleitung folgen

1a Eigene Ansage aufnehmen
1b 1. Anrufbeantworter ein- / ausschalten; 2. Eigene Ansage aufnehmen; 3. Nachrichten anhören / löschen; 4. Gespräch vom Anrufbeantworter übernehmen
2 1. 5 Mal; 2. nach dem Bereitton; 3. die Taste ☏ ↺ drücken; 4. 170 Sek.
3 1. a.; 2. b.; 3. b.

E | Schriftlich Termine vereinbaren

2a vorstellen, vereinbaren, anbieten, bestätigen, passen, anrufen, Vielen Dank, freue; vielen Dank, freue, vorstellen, passen, bestätigen, anrufen

F | Schlüsselqualifikation: Lernbereitschaft

1 Weil berufliches Wissen schnell veraltet.
2a ständig neue Hard- und Software; EU-Normen, die sich dauernd ändern; QM-System eingeführt; Geschäftsführer gewechselt … neues Konzept entwickelt; Steuergesetze ändern sich ständig
3a 3.

Lektion 10

A | Sich krankmelden

2 1. ab dem 3. Krankheitstag; 2. ab dem 1. Krankheitstag; 3. kleines Blatt ohne Diagnose: Arbeitgeber, großes Blatt mit Diagnose: per Post an die Krankenkasse; 4. Folgebescheinigung. (Erste AU: Erstbescheinigung); 5. 6 Wochen lang; 6. die Krankenkasse, bis zu 1,5 Jahre lang maximal 90 % des letzten Nettolohns
3 unangemessen: 3., 4.
4a 1, 6, 8, 3, 2, 5, 4, 7

B | Absprachen im Team verstehen

2a Frau Schuster: Nein; Frau Grover: Ja; Herr Phan: Ja; Frau Kellermann: Nein
2b wichtiger Arzttermin; Geburtstag der Mutter; Kinderbetreuung
4a 1. lieber; 2. am besten; 3. wichtiger; 4. länger; 5. schwieriger; 6. schlechter
4b 1. schwieriger; 2. wichtiger; 3. schlechter; 4. länger; 5. am besten; 6. lieber

C | Regelungen zur Arbeitszeit verstehen

1a 1. Nachtdienst; 2. arbeitet … am Wochenende, alleinerziehend; 3. Wochenenddienst; 4. Urlaub
1b 1. bis zu 9 Nachtdienste im Monat sind okay; 2. gerecht, denn besondere familiäre Gegebenheiten sollen bei der Diensteinteilung berücksichtigt werden; 3. Fehler, denn im Durchschnitt von 8 Wochen muss jedes 2. Wochenende dienstfrei sein; 4. ja, Betriebsurlaub des Lebenspartners wird bei der Urlaubsplanung berücksichtigt
3b wenn; als; während; bevor, nachdem
3c 1. bevor; 2. wenn; 3. nachdem; 4. Während; 5. als

D | Tätigkeiten am Arbeitsplatz dokumentieren

1c Die Informationen sind nach Datum und Uhrzeit geordnet. Man sieht, wer welche Information geschrieben hat.

2a

Die ...,	dass	sie ...	kümmert.
Frau C. ...,	dass	ihre ...	geschnarcht hat.
Frau C. ...,	dass	sie ...	bekommt.

2b *dass* steht nach dem Komma am Anfang des Nebensatzes, das Verb steht am Satzende

3a Temperatur gemessen, Dovoden für heute abgesetzt, Gespräch mit der Tochter geführt, Frau Car beim Waschen geholfen (ich habe Rücken und Beine gewaschen), Dr. Thiers informiert. Infusion am Abend weglassen

3b 1. gemessen, messen; 2. geführt, führen; 3. geholfen, helfen; 4. informiert, informieren; 5. weggelassen, weglassen

3c [2] nach Plan 250 Teile gefertigt, [1] Regale aufgefüllt, [3] wandhängende WCs installiert, [3] Abflussrohr verlegt, [3] Duschwanne aufgestellt, [1] Lager aufgeräumt, [2] Test Fließband durchgeführt, [1] Kunden an Fleischtheke betreut

F | Schlüsselqualifikation: Pünktlichkeit

1a Krankenschwestern sollten ...

Lektion 11

Semire Yüksel, Musiklehrerin

3 Sozialversicherung; Steuer

A | Über Gehaltsvorstellungen sprechen

2b 4. Ich habe sehr viele Überstunden gemacht.

3a 1. Deshalb; 2. weil; 3. Denn

3b 1. Ich mache ... Kinderpflegerin. 2. weil ich ... habe; 3. Denn ich... Ausbildung. Die Begründung steht bei *weil* und *denn* im Teilsatz mit Konnektor, bei *deshalb* im Teilsatz ohne Konnektor.

4 passend: 3., 4.; unpassend: 1., 2., 5.

5a Wünsche äußern: Sie müssen doch sehen, dass ...; etwas relativieren: Das ist doch Quatsch!

B | Eine Gehaltsabrechnung verstehen

1a Leistungszulage

1b Geld für Fahrten

2a Steuern: insgesamt 355,12 €; Beiträge für die Sozialversicherungen: 491,22 €

2b Abzüge insgesamt: 846,34 €

3a 1 Kirchensteuer; 2 Krankenversicherung; 3 Pflegeversicherung; 4 Solidaritätszuschlag; 5 Lohnsteuer; 6 Arbeitslosenversicherung; 7 Rentenversicherung

3b 2 Übernahme von Kosten für Arztbesuche, Medikamente und Hörgeräte, Krankengeld; 3 Pflegekraft; 6 Arbeitslosengeld, Kurzarbeitergeld, Weiterbildungen; 7 Rente für ältere Menschen, Unterstützung von Arbeitnehmern, die nach Unfall nicht mehr arbeiten können, Maßnahmen zur Rehabilitation

C | Informationen zum deutschen Steuersystem verstehen

1a 1. 2.; 2. von ihrem Mann getrennt leben, mit keinem Lebenspartner zusammenwohnen, für ihre Kinder Kindergeld bekommen

1b die Kindergeldbescheinigung

2a 1. Wenn; 2. Wenn

2b im Nebensatz: Wenn Sie verheiratet sind, ...

3a 2 Steuerklassen: 1, 2

3c Steuerklasse 6

D | Eine Rechnung schreiben

2 128,00: Gesamtpreis; 145 / 876 / 9898: Steuernummer; 089 / 3428871: Tel.; 03.04.2014: Datum; DE78680700240016797440: IBAN; 16/14: Rechnung Nr.

E | Nonverbal kommunizieren

1 1. B; 2. E; 3. D; 4. C; 5. A

F | Schlüsselqualifikation: Konfliktfähigkeit

2a Damit habe ich ein Problem, können wir darüber sprechen? Könnten Sie das bitte ändern? Ich ärgere mich über ... Das müssen wir klären.

3a 3, 1, 5, 2, 6, 4

Lektion 12

A | Nachrichten von Kunden verstehen

1a [5] eine Bitte; [6] eine Anfrage; [1] einen Vorschlag; [3] einen Kinderspaß; [2] einen Dank; [4] eine Beschwerde

B | Eine Beschwerde am Telefon entgegennehmen

1a Das Rohr unter dem Waschbecken im Bad tropft. Bild 2

1b

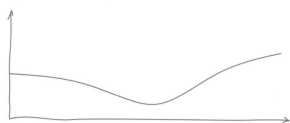

2a Oh, das tut mir aber leid. Das war bestimmt mein Fehler. Keine Sorge, das kriegen wir hin. Ich kann in einer Stunde bei Ihnen sein. Selbstverständlich, Frau Ibrahim.

C | Eine schriftliche Reklamation beantworten

1 1. Die Kamera hat die falsche Farbe. 2. Sie behält sie, möchte aber weniger bezahlen.
2a sich entschuldigen: die falsche Lieferung / die Verwechslung, Den Fehler; sich rechtfertigen / etwas begründen: Missgeschicken, die falsche Lieferung / die Verwechslung; etwas anbieten / ein Angebot machen: einen Rabatt von 30 €, einen Gutschein für die nächste Bestellung; etwas versprechen: die neue Lieferung, Das Problem
3a 1. auf; 2. an; 3. von; 4. bei, für; 5. zu; 6. um

3b Frau Etxeberria beschwert sich beim Kundenservice. Sie ärgert sich über die falsche Lieferung. Sie möchte nicht auf eine neue Kamera warten. Sie würde sich über einen Rabatt freuen. Sie würde sich wahrscheinlich bei Herrn Lefort bedanken.

D | Ein Beratungsgespräch führen

2a kein Fenster im Bad
2b 1. falsch; 2. richtig; 3. richtig; 4. falsch; 5. richtig; 6. falsch
3 1.; 2.; 4.; 5.; 6.
4a der Küche, dem Duschen, einem Schimmelentferner, der Badewanne, Ihrer Stelle, der Renovierung
4b maskulin: einem; neutral: dem; feminin: der, Ihrer
4c 1. den, den; 2. der; 3. der; 4. dem, der; 5. seinem; 6. einem

E | Höflich sprechen

1 höflich: 2, 3, 5, 9, 10, 12; nicht höflich: 1, 4, 6, 7, 8, 11
2 A: 2, 5; B: 2, 3, 5, 9, 10, 12; C: 3; D: 5, 9, 12; E: 10

Bildquellen

U1.1 Corbis (Sonja Pacho), Düsseldorf; U1.2 plain-picture (Maskot), Hamburg; U1.3 Corbis (Image Source), Düsseldorf; 8.1 Thinkstock (iStock), München; 8.2 Thinkstock (iStock), München; 8.3 Thinkstock (iStock), München; 8.4 Thinkstock (Monkey Business), München; 8.5 Thinkstock (Digital Vision), München; 8.6 Thinkstock (iStock), München; 13 Thinkstock (iStock), München; 15 Fotolia (beermedia), New York; 19.1 getty images (Kali Nine LLC), München; 19.2 shutterstock (Telnov Oleksii), New York; 19.3 Thinkstock (iStock), München; 20 Thinkstock (Monkey Business), München; 24 iStockphoto (kali9), Calgary, Alberta; 31.1 shutterstock (Monkey Business Images), New York; 31.2 Fotolia (dinostock), New York; 31.3 Thinkstock (iStock), München; 34 Thinkstock (iStock), München; 36 iStockphoto (track5), Calgary, Alberta; 37 Thinkstock (Monkey Business), München; 39 Thinkstock (iStock), München; 43.1 Thinkstock (iStock), München; 43.2 iStockphoto (Messier111), Calgary, Alberta; 43.3 shutterstock (Bombaert Patrick), New York; 43.4 Thinkstock (iStock), München; 44 dreamstime (Andres Rodriguez), Brentwood; 46 Thinkstock (Photos.com), München; 47.1 shutterstock (Michal Kowalski), New York; 47.2 shutterstock (Lisa F. Young), New York; 48 Thinkstock (Photodisc), München; 50 Thinkstock (iStock), München; 55.1 Thinkstock (Daniel Hurst), München; 55.2 iStockphoto (ManuWe), Calgary, Alberta; 55.3 Fotolia (M. Schuppich), New York; 55.4 iStockphoto (annaia), Calgary, Alberta; 56 Thinkstock (Photodisc), München; 57 shutterstock (Warren Goldswain), New York; 58 Fotolia (marcfotodesign), New York; 67.1 Thinkstock (Blend Images), München; 67.2 Thinkstock (iStock), München; 67.3 Thinkstock (iStock), München; 68.1 Fotolia (Monkey Business), New York; 68.2 Thinkstock (iStock), München; 68.3 Fotolia (T. Michel), New York; 68.4 Fotolia (T. Michel), New York; 68.5 Fotolia (createur), New York; 68.6 Fotolia (T. Michel), New York; 68.7 Fotolia (markus_marb), New York; 68.8 Fotolia (moonrun), New York; 68.9 Fotolia (T. Michel), New York; 71 Fotolia (andròmina), New York; 72.1 Thinkstock (Fuse), München; 72.2 Fotolia (Bernd Leitner), New York; 72.3 Thinkstock (iStock), München; 72.4 Thinkstock (iStock), München; 72.5 Thinkstock (iStock), München; 72.6 Thinkstock (iStock), München; 79.1 iStockphoto (AVAVA), Calgary, Alberta; 79.2 iStockphoto (esseffe), Calgary, Alberta; 79.3 Thinkstock (PhotoObjects.net), München; 79.4 Thinkstock (iStock), München; 80 Thinkstock (Wavebreak Media), München; 82 Thinkstock (iStock), München; 83 Fotolia (PictureFactory), New York; 84.1 shutterstock (GoodMood Photo), New York; 84.2 Thinkstock (iStock), München; 84.3 Fotolia (delux), New York; 87 Thinkstock (Fuse), München; 91.1 Thinkstock (iStock), München; 91.2 Fotolia (3darcastudio), New York; 91.3 Fotolia

(E. Zacherl), New York; 92 iStockphoto (pixhook), Calgary, Alberta; 94.1 Fotolia (Dmitry Vereshchagin), New York; 94.2 Fotolia (wormig), New York; 94.3 Fotolia (3darcastudio), New York; 94.4 Fotolia (sharpnose), New York; 96 Thinkstock (Digital Vision), München; 99 Thinkstock (Digital Vision), München; 103.1 shutterstock (Monkey Business Images), New York; 103.2 shutterstock (Lim Yong Hian), New York; 103.3 Thinkstock (iStock), München; 106.1 Thinkstock (iStock), München; 106.2 Thinkstock (iStock), München; 106.3 shutterstock (Tovkach Oleg), New York; 106.4 Thinkstock (Stockbyte), München; 106.5 Thinkstock (iStock), München; 108.1 getty images (Ben Pipe Photography), München; 108.2 shutterstock (WonderfulPixel), New York; 115.1 Thinkstock (iStock), München; 115.2 Thinkstock (iStock), München; 115.3 Thinkstock (Hemera), München; 116 Fotolia (Alexander Raths), New York; 118 Thinkstock (Monkey Business), München; 120 Thinkstock (Monkey Business), München; 123 Thinkstock (Pixland), München; 127.1 Thinkstock (Fuse), München; 127.2 Thinkstock (Hemera), München; 127.3 Thinkstock (iStock), München; 127.4 Thinkstock (iStock), München; 130 Thinkstock (iStock), München; 135 Thinkstock (Fuse), München; 139.1 Fotolia (Kadmy), New York; 139.2 Thinkstock (iStock), München; 139.3 Thinkstock (iStock), München; 140 Thinkstock (iStock), München; 141.1 Thinkstock (Digital Vision), München; 141.2 Thinkstock (iStock), München; 141.3 Thinkstock (iStock), München; 144 Thinkstock (iStock), München; 147 Thinkstock (iStock), München

63 Stelle für interkulturelle Arbeit der Landeshauptstadt München; 104 Cordula Meißner / Beata Menzlová / Almut Mohrmann: Meine Welt auf Deutsch, Stuttgart, 2010, S. 128; Eintrag aus PONS, Großwörterbuch Deutsch als Fremdsprache, Stuttgart, 2004

Audio-CD Impressum

Sprecherinnen und Sprecher
Manuel Flach, Miguel Freire, Godje Hansen, Anuschka Herbst, Stefan Moos, Inge Spaughton, Michael Speer, Jenny Ulbricht, Wolfgang Volz, Johannes Wördemann, Luise Wunderlich

Regie Katharina Theml
Tontechnik Michael Vermathen
Produktion Bauer Studios GmbH, Ludwigsburg
Presswerk Osswald GmbH & Co., Leinfelden-Echterdingen
Gesamtlaufzeit 78:02 Min.